"Alden Mills cuenta con una experiencia de más de 25 años en el campo del liderazgo militar y destacándose en los negocios a través de su práctico y memorable libro *Equipos imparables*. Si necesitas pautas para construir equipos ganadores, a lo largo de estas páginas encontrarás ese tipo de sabiduría fácil de poner en práctica".

—**Douglas R. Conant, Fundador y CEO de Conant Lidership,**
ex CEO de Campbell Soup Company y autor de *TouchPoints,*
***bestseller* de** *The New York Times*

"Alden Mills, CEO, empresario y Navy SEAL, sabe que el éxito del liderazgo no proviene de una fórmula, sino de ciertos fundamentos que tienden a ser pisoteados por las constantes presiones diarias. Invierte siquiera 10 minutos al día en esta lectura y entenderás por qué la recomiendo con tanta insistencia: *Equipos imparables* te recargará, refrescará y energizará. Te recordará que es crucial esforzarte en alcanzar tu más alto nivel de excelencia posible. Y además, te proveerá lo necesario para lograrlo en beneficio propio y de quienes te rodean".

—**Michael C. Bush, CEO de** *Great Place to Work*
y autor de *A Great Place to Work for All*

"Hoy, construir equipos de trabajo óptimos es esencial por una buena razón: porque los líderes no pueden lograr sus metas solos. Alden Mills nos ofrece la mezcla perfecta de valentía y compasión, narración y marcos conceptuales que nos ayuden a construir el equipo adecuado —y de la forma correcta-. *Equipos imparables* es altamente recomendable".

—**Marshall Goldsmith, educador ejecutivo,**
miembro de Thinkers50 Hall of Fame
y autor del *bestseller* **Work Is Love Made Visible**

"*Equipos imparables* se basa en las notables experiencias de un comandante de pelotón Navy SEAL que se convirtió en Director General de *Inc. 500*. El poder de este libro radica en la afinidad del autor con sus lectores. En un tono atractivamente informal, Alden Mills presenta un marco conceptual basado en cuatro aspectos esenciales que los líderes en organizaciones de todos los tamaños y en todos los niveles podrán poner a trabajar de inmediato. Este es un manual refrescante, práctico y potenciador".

—Amy C. Edmondson, profesora en
Harvard Business School y autora
de *The Fearless Organization*

"El desordenado negocio del liderazgo requiere de conocimientos en el tema de la conformación de equipos. Aprende del mejor: del CEO y Navy SEAL, Alden Mills. Sin duda, su marco de acción CARE es refrescante. Sin embargo, nunca olvidarás las poderosas, y a veces, dolorosas lecciones que él nos comparte —desde sus luchas contra el asma hasta aquella infernal etapa, recaudando un auxilio de $30 millones de dólares para una escuela y manejando los altibajos de un producto que contribuiría a convertir a los Estados Unidos en el más rápido y creciente consumidor de productos de empresa-. Mi historia favorita es la que Alden cuenta en el último capítulo acerca de su 'momento más aterrador'. Una y otra vez, Alden nos recuerda que todos tenemos un mayor potencial del que creemos si empezamos a involucrar a quienes nos rodean de formas nuevas y cada vez más productivas. Obtén tu copia de *Equipos imparables* y comienza a leerla e implementarla ya mismo".

—Bernie Swain, Presidente y Fundador de Washington Speakers Bureau y
autor de *What Made Me Who I am*

"Sin duda, el trabajo más importante de un líder en el mundo actual de los negocios es construir equipos excepcionales. *¡Equipos imparables* es el manual perfecto para hacer precisamente eso! Cada capítulo incluye historias atractivas y ejemplos tanto para líderes consumados como para aquellos que desean comenzar a liderar. En esta lectura, Alden muestra que los mejores líderes construyen relaciones y les sirven a sus equipos. Esta visión refrescante del liderazgo es justo la que necesitamos hoy".

—Mark Lipscomb, Vicepresidente de people at 23andMe

"Escrito con pasión, experiencia y perspicacia, *Equipos imparables*, de Alden Mills, es para quienes quieran que sus equipos se diferencien del resto y lideren en su empresa o industria. Si estás buscando desarrollar un equipo que de verdad lidere al resto, entonces, ¡este libro es para ti!".

—Sarah McArthur, coautora de *Work Is Love Made Visible*

"*Equipos imparables* se erige a sí mismo como el manual más útil para equipos líderes en tiempos complejos —es apto para toda una vida de inspiración, dirección y propósito—. Alden Mills no es solo un héroe estadounidense, sino que además es un genio motivacional que sabe cómo mezclar la emoción y la persistencia propias de la formación SEAL con la sabiduría de un líder. Cada empresa bajo presión debe inspirar a sus líderes a leer este libro".

—Brigadier General Tom Kolditz, PhD, Director y Fundador de
Doerr Institute for New Leaders, en Rice University.
Profesor emérito en U.S. Military Academy, en West Point.
Fundador y Director de West Point Leadership Center.
Autor de *In Extremis Leadership:
Leading as if Your Life Depended on It*

"Al principio, los equipos comunes y corrientes parecen muy similares a los equipos de alto rendimiento. Sin embargo, entre ellos hay una diferencia crucial: los equipos de alto rendimiento saben que cada miembro del equipo es diferente y contribuye en una especialidad determinada. Alden Mills descubrió un poderoso enfoque para llevarte junto con tu equipo al nivel de máximo rendimiento".

—Sally Hogshead, autora de *How the World Sees You* y *Fascinate,*
bestsellers de *The New York Times*

"*Equipos imparables* me recordó lo poderosos que son para las personas los sentimientos de confianza, pasión, integridad, posición y propósito, tan indispensables en la construcción de todo gran equipo. Este libro es un verdadero e inspirador recordatorio de lo sólidos y efectivos que los equipos de trabajo pueden llegar a ser, sin tener en cuenta cuál sea su tamaño. *Equipos imparables* es una lectura obligada para líderes a cualquier nivel".

—Heidi Wissmiller, Directora de Ingresos de Rodan + Fields

EQUIPOS IMPARABLES

LAS CUATRO ACCIONES ESENCIALES DEL LIDERAZGO DE ALTO RENDIMIENTO

ALDEN MILLS

TALLER DEL ÉXITO

Equipos imparables

Publicado por:
Taller del Éxito, Inc.
1669 N.W. 144 Terrace, Suite 210
Sunrise, Florida 33323
Estados Unidos
www.tallerdelexito.com

Editorial dedicada a la difusión de libros y audiolibros de desarrollo y crecimiento personal, liderazgo y motivación.

Diseño de carátula: Diego Cruz
Diagramación: Joanna Blandon
Traducción y corrección de estilo: Nancy Camargo Cáceres

ISBN: 978-1607385875

Printed in Colombia
Impreso en Colombia

21   22   23   24   25   R|CL   06   05   04   03   02

Para mis futuros líderes de equipo:

H-Master, Chow-Chow, Bear y Yummy

Contenido

"Thah nah room fah Rambos in SEAL Team!" (¡No hay espacio para Rambos en el SEAL Team!).

Todavía puedo oír al instructor Smith gritando esa frase en su marcado acento bostoniano. Era una referencia al gran John Rambo, que va en misiones imposibles detrás de las líneas enemigas, todas, por sí mismo, y aun así, gana. Sin embargo, para nuestros instructores de SEAL, en BUD/S (Basic Underwater Demolition/SEAL), "Rambo" era un término peyorativo para el lobo solitario que piensa que puede hacerlo todo él mismo. Al instructor Smith le encantaba repetir esa frase: *"Thah nah room fah Rambos en SEAL Team!"* (¡No hay espacio para Rambos en el SEAL Team!).

Cuando los hombres y las mujeres jóvenes que quieren unirse a los SEAL se enteran de BUD/S, se obsesionan con el agotador esfuerzo físico que se les avecina. Sin embargo, lo que obtienes a lo largo de este entrenamiento es un equilibrio mental, emocional y de fuerza física combinado con tu mayor ganancia como SEAL: la gente que te rodea. El concepto del instructor Smith era claro: es el equipo el que cumple la misión y no algún personaje mítico que se crea Rambo.

Lo sé de primera mano: he dirigido tres pelotones SEAL y he experimentado la ventaja de la guerra asimétrica que SEAL Team cultiva. Dicha ventaja nos ha servido en circunstancias muy diferentes, ya sea buscando un criminal de guerra en las profundidades de las montañas de Bosnia o durante mini operaciones en combates nocturnos a 30 pies bajo el agua con señales de mano (apretones) como nuestro único medio de comunicación. SEAL Team está unido por un propósito común y por la mentalidad de "yo te cubro". Allí, ponemos el éxito del equipo por encima de las necesidades individuales, pues las necesidades del equipo vienen a representar también nuestras necesidades individuales.

Cuando un pequeño grupo de nuestros compañeros se une para hacer algo extraordinario, el resto de nosotros nos rascamos la cabeza con asombro. Bien sea que se trate de un equipo de baloncesto no clasificado que superó a una potencia invicta o de una empresa poco conocida que se convirtió de la noche a la mañana en líder del mercado, las historias al estilo David y Goliat captan nuestra atención y nos inspiran. Animamos a los desvalidos a tener éxito e incluso soñamos con ser como ellos —un equipo estrechamente tejido, compuesto por gente común y corriente haciendo cosas extraordinarias en circunstancias difíciles—. Eso es lo que quiero decir cuando me refiero a un equipo imparable, uno que cuenta con diversos dones que le sirven de apoyo para alcanzar sus objetivos gracias a su sentido de propósito compartido y a un profundo compromiso del uno con el otro. Podrás ensamblar tantas superestrellas individuales como quieras, pero estas no se convertirán en imparables a menos que crean la una en la otra y en su misión colectiva.

Los equipos imparables no están reservados para las fuerzas de élite militares. En el deporte, en los negocios, en las comunidades, en cada faceta de la vida, si quieres prosperar en medio del caos y trascender en medio de la manada, es esencial desarrollar las cualidades de todo equipo imparable. Quizá, suene a locura; tal vez, hasta sobrehumano, pero logarlo es una posibilidad que está a tu alcance. No tienes que pasar por BUD/S para construir un equipo imparable, pero te iría bien si incorporaras lecciones de la formación que reciben los equipos que han servido de manera tan destacada en los legendarios NAVY SEALs de los últimos 55 y más años. Las acciones que ellos han venido implementando para construir sus equipos son las mismas acciones requeridas en los negocios, en las organizaciones sin fines de lucro y en los equipos deportivos.

Existen equipos imparables de todas las formas y tamaños, pero todos dependen de la comprensión que ellos tengan tanto de las emociones humanas como de las motivaciones y de los valores. Es a la vez tan complejo y tan simple como esto: debes cuidarte y cuidar al otro. El cuidado hacia los demás es la piedra angular para generar confianza y persistencia en cualquier grupo. Cuando la gente se siente cuidada y cuando manifiesta cuidado e interés por sus tareas y metas por cumplir, está dispuesta a ir más allá de sus propios límites y a atreverse a hacer algo más grande de lo que pensó posible al comienzo.

He pasado los últimos 30 años intentando, fracasando y, eventualmente, logrando construir solo este tipo de equipos —como miembro de equipos de remo en campeonatos en la escuela secundaria y en la universidad, formando parte de Navy SEAL, como fundador de una empresa startup exitosa, como organizador comunitario, y sí, incluso como padre y esposo—. Y aunque cada uno de estos esfuerzos ha tenido objetivos específicos, todos requirieron del mismo marco, de las mismas acciones y del mismo nivel de "compromiso total". Si estás dispuesto a comprometerte a cuidar y servir a los demás, entonces, lograrás convertirte en una fuerza verdaderamente imparable para alcanzar grandes cosas.

Al igual que varias otras especies, los seres humanos estamos preprogramados para corresponder cuando se nos presta atención. Ábreles puertas a las personas y ellas te responderán abriéndoles otras puertas a otras personas. Este simple acto de reciprocidad forma parte de la reacción en cadena esencial sobre la cual se cimentan los equipos imparables. El interés mutuo une la cabeza con el corazón. Sin embargo, no estoy hablando de simples actos de bondad —aunque esos también son esenciales—. Estoy hablando de dar tu total y auténtico compromiso de poner a los demás por encima de ti mismo. Eso es más fácil de hacer cuando el horizonte está libre de peligro, pero cuando los tiempos son recios, nuestro instinto es protegernos a nosotros mismos, buscar la cueva de seguridad cada vez que el proverbial *T. Rex* nos está persiguiendo. Pero si eres capaz de mostrar tu interés hacia los demás solo cuando estás disfrutando de seguridad desde tu cómodo sofá (por así decirlo), no hay manera de que lideres con éxito un equipo imparable. Los equipos imparables prosperan en medio de los cambios y la incertidumbre. Y afrontémoslo, el cambio y la incertidumbre son mucho más comunes de lo que a todos nos gustaría.

Entonces, ¿cómo conseguir que la gente salga de la seguridad que le brindan sus intereses propios para unirse a un equipo imparable?

Por experiencia, y gracias a la capacitación que he recibido, he llegado a identificar cuatro acciones: conectar (*connect*), lograr (*achieve*), respetar (*respect*) y empoderar (*empower*). Las cuatro yacen en el corazón de cada gran equipo. Yo las llamo el Efecto CARE. Cuando estas cuatro acciones se activan, todo es posible. No es casualidad que los estrategas militares consideren a los SEALs (y a otras fuerzas especiales militares) como multiplicadores de fuerza 10 veces más eficaces que las tropas convencionales. Además, esta dinámica de equipo extrema —a la que yo llamo Ventaja 10x— no es exclusiva de los SEAL Teams. Puede ser aprovechada por cualquier equipo pequeño con tal que este haya sido bien construido y sea generador de alto funcionamiento. Lo he experimentado como fundador de una empresa startup de uno de los productos de mayor consumo en este país. Al igual que ocurre en un SEAL Team, el poder de mi empresa deriva de un puñado de personas, cada una de un trasfondo diverso y con un conjunto de habilidades y que decidió formar parte de un objetivo compartido: hacer que nuestro producto principal (el dispositivo Perfect Pushup) fuera reconocido como el #1 en su categoría. Los resultados fueron asombrosos: nuestro equipo creó un negocio que generó casi $100 millones de dólares en ingresos en tan solo dos años y que además compitió contra empresas 10 veces más grandes en tamaño.

También experimenté la Ventaja 10x en el campo de los deportes, ya que participé en equipos de remo durante campeonatos tanto en secundaria como en la universidad. En el remo competitivo, que es, posiblemente, el deporte de mayor concentración que existe, la diferencia entre ganar y perder depende 100% del rendimiento del equipo de ocho remeros que deben trabajar en perfecta sincronía. Cuando remé por la Academia Naval de los Estados Unidos, nuestras tripulaciones estaban compuestas, casi en su totalidad, por remeros que participaban por primera vez a ese nivel, mientras que los equipos de nuestros competidores, que hacían parte de la División 1, estaban conformados por remeros experimentados (y también por remeras). Sin embargo, competíamos de forma rutinaria en los campeonatos. Esa era la mejor forma de aumentar nuestra capacidad para construir un mejor equipo.

Imagina por un momento que estás rodeado de individuos que no te permitirán fracasar. Y cuando tú ves un obstáculo, ellos ven una oportunidad. Cuando tienes miedo, ellos se vuelven a ti para apoyarte. Cuando estás cansado, ellos trabajan incansablemente. Cuando sientes incertidumbre, ellos te tranquilizan. En resumen, supón que haces parte de un equipo que hace que te sientas imparable. Conozco este sentimiento, porque lo he experimentado una y otra vez, desde los campos de batalla hasta las salas de juntas. Eres parte de un equipo imparable cuando todos y cada uno de sus miembros comparten energía que los fortalece y los enfoca, multiplicando así sus fortalezas y disminuyendo sus debilidades.

Si tú quieres ser un gran constructor de equipos, entonces, primero que todo, necesitas aprender a convertirte en un gran constructor de relaciones. Esto, comienza contigo. En el siguiente capítulo, me enfocaré en el componente primordial de cada gran equipo: tú y el "equipo" interior que hay en ti. Antes que puedas comenzar a inspirar a los demás e influir en ellos, debes conocerte a ti mismo y averiguar qué es aquello que en verdad te importa. Tu "primer equipo" es el único equipo que puedes controlar. En SEAL Team, llaman a ese equipo tu "plataforma de armas". Yo lo llamo tu "plataforma de acción". ¿Crees que serás capaz de influir, inspirar y convencer a otros a unirse a tu búsqueda para lograr algo si tú mismo no te sientes inspirado, ni eres convincente? Primero, debes aprender a dominar tus propios pensamientos, tus sentimientos y tu comportamiento.

Una vez que aprendas a identificar cuáles son los controladores de tu plataforma de acción, el Capítulo 2 te presentará los siete rasgos de los compañeros imparables. Los equipos se basan en las relaciones, y para construir un equipo imparable, debes aprender a construir relaciones con todo tipo de personas. Este es un paso crucial en tu proceso de aprendizaje en lo referente a la conformación de equipos, pues *querrás y necesitarás* tener a todo tipo de personas en tu equipo. Los equipos más poderosos se basan en la diversidad de pensamiento, pero no de corazón. Aprender los siete rasgos de los integrantes de los equipos imparables te ayudará a entender drásticamente cómo conectarte con una amplia gama de personas que le aporten todo tipo de habilidades a tu equipo.

En los siguientes cuatro capítulos, profundizaremos en el marco de acción CARE, que se encuentra en el corazón de todos los equipos imparables exitosos. Veremos cómo se forman las conexiones emocionales, cómo establecer y alcanzar objetivos, por qué el respeto mutuo tiende a convertirse en un recurso renovable. Y finalmente, cómo el empoderamiento mantiene en movimiento el impulso del equipo. Luego, con el marco de acción CARE haciendo parte de tu caja de herramientas, vamos a girar nuestra atención hacia otro grupo de posibles compañeros de equipo que quizás estés pasando por alto y/o subestimando. Se trata de tus clientes, tus colaboradores y tu comunidad —tus tres Cs—. Así, al ampliar la definición de equipo, multiplicarás tu impacto sobre tus equipos y lograrás una Ventaja 10x sobre tus competidores.

La buena noticia es que, para aprender estas técnicas, no tienes que pasar una semana entera privándote de tu sueño, ni pendiente de tu reloj físico, ni mental, ni experimentando a nivel emocional. En BUD/S, los candidatos trabajan de a dos y cada persona es responsable de ayudar a la otra a recibir el entrenamiento. Es decir, tendrás un compañero de actividades. Eso es lo que yo voy a ser para ti: tu compañero de equipo. Estaré contigo en cada paso del camino, alentándote y desafiándote a avanzar más allá de lo que te dicten tus viejas creencias, ayudándote a adquirir nuevos comportamientos que les permitan tanto a ti como a tu equipo hacer más de lo que originalmente creían posible.

Ahora más que nunca, se necesitan equipos fuertes para resolver los desafíos del mundo. La fortaleza de las empresas, de las comunidades e incluso de los países depende de un gran trabajo en equipo. Las acciones detalladas en este libro son las mismas que practican los equipos de Navy SEALs y los empresarios exitosos; son utilizadas por líderes de entidades sin fines de lucro, CEOs, entrenadores y capitanes deportivos. Estas acciones aprovechan el poder de nuestro espíritu humano y nos inspiran a ir mucho más allá de nuestros límites percibidos.

Para citar al instructor Smith una vez más: "Ahora, ve a surfear, a empaparte de agua y a llenarte de arena — ¡Tienes 90 segundos para hacerlo! La buena noticia es que no tienes que estar empapado, ni untado de arena para pasar la página, pero sí necesitarás estar preparado para bucear de cabeza. Me siento honrado de ser tu compañero de equipo. Nos vemos en la "zona de surf" del Capítulo 1.

¡Hooyah! (¡Ese es el grito de guerra de SEAL Team para que entres en acción!)

EQUIPOS
IMPARABLES

CAPÍTULO 1

TU PLATAFORMA

S i no le prestabas mucha atención a su forma de andar, no te dabas cuenta de su leve cojera, ni notabas que le hacía falta su nalga izquierda. Aunque nunca lo dijimos en voz alta, jamás fue difícil pensar en él como el instructor Half Ass (medio rabo). De hecho, nos sorprendió en gran manera verlo reír con el clásico humor de los SEAL, refiriéndose a sí mismo como instructor Half Ass, al mismo tiempo que nos recordaba que él podía hacer más con medio trasero de lo que nosotros podríamos hacer con uno completo. Nunca olvidaré la primera vez que lo vi. Estábamos a punto de realizar nuestra prueba final de preparación física (PRT) y aquí estaba este veterano de Vietnam que había dejado una porción de su cuerpo en las fangosas aguas del delta del Mekong, después de haber sobrevivido de milagro a la emboscada de una granada lanzada por un cohete propulsado. El hecho es que el instructor Half Ass se paró frente a una versión tamaño natural de un ficticio monstruo de Hollywood con una placa de madera colgando de su cuello en la que se leía la inscripción: "Así que quieres ser un hombre rana".

En seguida, 122 jóvenes nos pusimos firmes en un semicírculo alrededor de este héroe y de su estático compañero en actitud de ataque. Una vez allí, el instructor Half Ass nos dijo: "Los candidatos de la clase 181, reúnanse por aquí. Quiero contarles un *secretico*".

Nos acercamos a él arrastrando los pies mientras decía la palabra secretico.

"Quiero que sepan cómo hacer para lograr pasar por la etapa de entrenamiento Navy SEAL. Como se imaginarán, no es tan complicado lograrlo". Luego, hizo una pausa… y nosotros nos inclinamos aún más cerca para escuchar su respuesta. "Solo tienen que decidir cuánto están dispuestos a pagar. Verán, resulta que sé con certeza que *alrededor del 80% de ustedes no estará dispuesto a pagar el precio para ser un Navy SEAL*".

Luego, hizo otra pausa.

"Todos ustedes quieren ser SEALs en medio de días soleados, pero su país no necesita SEALs en los días soleados. Los necesita en días de *angustia*".

A medida que él hablaba, yo seguía pensando que la "criatura" cobraría vida y apoyaría su monólogo. De nuevo, hizo una tercera pausa.

"Cuando hace frío, está oscuro y húmedo, y ese estruendo sobre sus cabezas no es un trueno, sino un ataque que proviene de alguien que los quiere muertos… ¿qué tanto quieren ustedes ser SEALs *ese* día?".

Acto seguido, dejó esa pregunta en el aire por un momento, mientras sus ojos escaneaban a los jóvenes que estaban de pie ante él.

"Bueno, ese es mi trabajo —averiguar cuántos de ustedes están dispuestos a pagar el precio. ¿Y saben cómo voy a hacer eso? Generando una conversación entre esto [señalando su cabeza] y esto [señalando su corazón].

"Y voy a hacer que esta conversación ocurra de la misma forma en que esos japoneses hacen sus espadas de samuráis". Entonces, sostuvo sus manos casi al nivel de su estómago para demostrar el proceso.

"¿Saben cómo hacen ellos esas espadas?".

Nadie respondió. Entonces, él formó un hueco con su mano izquierda.

"Ellos toman un trozo de metal, lo calientan y luego" —hizo un puño con su mano derecha y golpeó con ella su izquierda y ahuecada mano—, "el espadachín lo golpea. Después, lo sumerge en agua fría. ¿Saben cuántas veces repiten ese proceso para convertir ese trozo de metal en una espada?".

Movimos lentamente la cabeza de un lado a otro, temiendo la respuesta.

"Aproximadamente, 2.000 veces. Sospecho que esas son las mismas veces que les vamos a hacer eso mismo a ustedes durante mi fase, a lo largo de las próximas nueve semanas".

En seguida, procedió a decirnos cómo iba a hacernos sudar y a golpearnos para luego meternos en agua fría. Incluso nos presentó a nuestros nuevos "martillos", los 25 instructores que habrían de guiarnos a lo largo de la primera fase de BUD/S.

"Ahora, háganse a ustedes mismos el favor de pensar muy bien qué tanto quieren ser Navy SEALs antes de tomar este PRT. Porque si lo pasan, estarán a mi lado a partir del lunes por la mañana".

La mayoría de nosotros había estado esperando este momento durante al menos dos años. Si llegaste a través de la Academia Naval, como yo, o por medio de un programa ROTC, te llevó cuatro años lograrlo. En cambio, aquellos provenientes de una formación básica o de un trabajo en la Marina tardaron entre uno y dos años. El caso es que ya habíamos completado dos PRTs y ahora nos enfrentábamos a nuestro tercer y último desafío antes de ingresar oficialmente a la escuela de entrenamiento. Durante las últimas siete semanas, estuvimos aprendiendo las tácticas para ser candidatos SEAL, todo, desde cómo usar nuestros uniformes antiguos de la Segunda Guerra Mundial para aprender cómo realizar un ejercicio conocido como "galleta de azúcar" (navegar, luego avanzar por la playa hasta cubrirnos de arena desde la cabeza hasta los pies). Lo único que se interponía entre nosotros y el inicio oficial del entrenamiento SEAL era esta última prueba física, la misma que ya habíamos tomado y aprobado, como mínimo, dos veces. Me entiendes, ¿verdad?

Después de todo, estábamos físicamente más fuertes que nunca. Y es más, nos habíamos sometido a entrenamiento mental para estar listos para este momento. Mientras estaba parado entre mis compañeros candidatos, todos ellos bastante aptos y rápidos, pensé que, atléticamente, de alguna manera, aterrizar en medio de este grupo de 122 SEALs era todo un compromiso. Como todos los demás, había hecho el PRT dos veces antes y no esperaba que esa prueba fuera una gran cosa. Pero cuando esta terminó, nuestro instructor principal leyó los nombres de aquellos que estarían comenzando el entrenamiento SEAL el lunes por la mañana. No podía creer lo que oía: solo 64 de los122 reclutas que iniciamos el programa superamos esta prueba PRT final.

¿Cómo podía ser esto? ¿Por qué la mitad de la clase había "decidido" no pasar la prueba? En palabras del instructor Half Ass, ellos habían tenido una conversación consigo mismos y tomaron la decisión de no aprobar. Decidieron que el precio a pagar por convertirse en un Navy SEAL era demasiado alto. Hicieron el entrenamiento. Tenían las habilidades, pero aun así, fallaron. Sus cabezas (y sus cuerpos) querían lograrlo, pero sus corazones, no.

Estoy compartiendo esta historia contigo, porque destaca el primer componente indispensable en la construcción de equipos imparables. El primer equipo que debes construir y liderar es tu propio equipo, el que habita dentro de ti. El buen instructor Half Ass dio en el clavo cuando habló de generar una conversación entre la cabeza y el corazón. Eso es exactamente lo que uno necesita para liderarse a sí mismo.

Aunque en ese momento no aprecié del todo el astuto consejo del veterano de Vietnam, solo unas pocas semanas después, me hallé a mí mismo comprometido en una serie de conversaciones entre mi mente y mi corazón sobre cuánto estaba yo dispuesto a dar para lograr mi objetivo de convertirme en un Navy SEAL. Conversaciones como la que tuve en la "prueba de ahogamiento". Ese es un juego en el que tu manos están atadas a tu espalda, tus pies están atados juntos y eres desafiado a nadar 300 yardas. Dos candidatos dejaron de fumar antes de que nos metieran en la piscina. Piensa por un momento en esta conversación cabeza-corazón. Recibes instrucción de nadar sin el beneficio de contar con eso que hace precisamente posible que nades —tus brazos y tus piernas—. Es natural pensar: "*Oye, espera un segundo. Necesito mis brazos para nadar. Si no los tengo, no podré nadar*". Ese es el comienzo de la conversación. Entonces, la cabeza hace un análisis más profundo: "*Espera, el instructor dijo que podrías morir haciendo este ejercicio. ¿Vale esto la pena para ti?*". Y luego está lo obvio, la pregunta persistente: ¿cuál es el propósito de esta prueba, de todos modos? Si te permites concentrarte en estos pensamientos, crearás una espiral descendente de pensamientos negativos que podrían llevarte fácilmente a sentirte derrotado incluso desde antes de intentarlo. Aquellos sentimientos negativos también pueden hacer que actúes de una manera tal que se oponga directamente a tus objetivos: podrías desistir incluso desde antes de empezar.

Aprendí con creces sobre los riesgos de la espiral descendente negativa. Yo era el líder (y el único oficial) durante la que suelo llamar mi infernal semana de clase. En aquella desastrosa ocasión, la clase 181 comenzó con 34 candidatos, a saber, 33 enlistados y un oficial (yo). En seis días, teníamos 18 candidatos y todavía nos quedaban 20 semanas de formación básica. Ese no fue un momento de orgullo para mí. Después de estar en la Academia Naval recibiendo formación en liderazgo durante cuatro años, allí estaba yo ejerciendo mi primera verdadera posición de liderazgo y "mi" clase había disminuido de 34 a 18 aspirantes en tan solo la primera de 25 semanas de entrenamiento. Todos mis instructores SEAL se aseguraron de que no se me olvidara qué tan pocas habilidades de liderazgo estaba demostrando. Recuerdo que, ante mis resultados, decidieron usar el fracaso del grupo para darme luces sobre mis debilidades y además me forzaron a sostener una conversación privada conmigo mismo sobre qué tan mal líder yo era.

Esas conversaciones fueron difíciles. Mis instructores me presentaron una serie de datos sobre cuántos compañeros renunciaron bajo mi "mando". Me preguntaban repetidamente: "Señor, ¿cómo cree usted que podrá liderar a un pelotón SEAL cuando ni siquiera es capaz de dirigir su clase de entrenamiento?". Otra pregunta que les encantaba plantearme: "Señor, tenemos una curiosidad: ¿qué se siente ser el líder de una clase con más desertores que alumnos presentes?". Sus comentarios eran implacables. Me molestaban mucho y ellos lo sabían, lo que los llevaba a hacerlos aún más. De hecho, la vez que más cerca estuve de dejar el entrenamiento SEAL no tuvo nada que ver con el dolor físico, sino con la angustia que me generaba la posibilidad de cuestionarme mi propia capacidad para guiar a otros. A menudo, al guiar a mis estudiantes a lo largo de esa horrenda semana sentía autocompasión al saber que yo era el único oficial que quedaba en la clase. Mi "fiesta de autocompasión" incluía voces que se quejaban: *"Esto no es justo —tú no deberías ser el único oficial. O tal vez, los instructores están en lo cierto—. Quizá, la responsabilidad de estos resultados es mía. ¿Seré yo la razón por la cual todos se fueron?"*. En cualquier caso, estas voces internas de inseguridad eran alimentadas por las voces externas de mis instructores y sus críticas. Lo más probable es que yo habría sucumbido a ellas si no hubiera tenido una voz interna más poderosa que me motivó a seguir adelante.

¿Te suena familiar algo de esto? ¿Alguna vez has estado atrapado en medio de tus propias dudas y de autorrecriminaciones en el momento en que tu equipo más te necesita? ¿En tiempos en los que estás a punto de salirte fuera de tu zona de confort? No necesitas pasar por una infernal semana de entrenamiento SEAL para tener esta colisión de voces incitándote a tomar medidas que te lleven lejos de tu objetivo deseado. Es demasiado fácil obsesionarte con lo que podría salirte mal, con lo que te falta o con los malos resultados que quizá te estén esperando a la vuelta de la esquina. Es muy fácil escuchar las voces negativas, tanto aquellas viniendo del interior de tu cabeza como las de tus críticos más severos. Ese tipo de ruido nos detiene e, inevitablemente, nuestro equipo comienza a languidecer en nuestras manos. Entonces, ¿cómo realizar la tarea en cuestión cuando estás preocupado por tus propios pensamientos y por tu gran cantidad de preocupaciones? ¿Cómo hacer para liderar a otros si ni siquiera sabes cómo administrarte a ti mismo?

A lo mejor, tu situación no sea tan dramática como los desafíos que uno afronta durante el entrenamiento SEAL, pero tener que manejar situaciones extremas llenas de riesgo e incertidumbre es parte del curso que todos hacemos en medio de la infinidad de ámbitos en los que nos movemos en estos días. Además, es innegable que la forma en que manejas esta conversación contigo mismo —acertada o no tanto— se amplifica cuando lideras un equipo. Lo presencié de primera mano a lo largo de aquella semana en que guie a mi clase SEAL. Cuando me sentía desolado y me concentraba en mi propia miseria, mis compañeros lo notaban y hacían lo mismo. Pero cuando logré redirigir mi enfoque hacia el panorama general (cómo dirigirlos de manera positiva en medio de un ejercicio en el que el fracaso era una posibilidad real), fue evidente que los miembros de mi equipo también obtuvieron una mejor perspectiva sobre cada situación inmediata y respondieron de la misma manera. La capacidad de liderarte a ti mismo —a la que yo llamo tu plataforma— es la base para liderar equipos imparables. No importa si estás sentado en medio de las frías aguas del Océano Pacífico o si te encuentras en medio de las aguas calientes de una negociación con el banco donde negociaste la hipoteca de tu casa (y a ellos les gustaría apoderarse de ella y arruinar tu empresa para así obtener su dinero lo más rápido posible). Lo cierto es que la dinámica sigue siendo la misma: centrarte en ti mismo, en lo que *te falta*, en lo que *deseas* y en lo que terminará por *estancarte*. Así que mejor concéntrate en lo que necesitas lograr y en qué y cómo hacer para reclutar a otros y alcanzar ese objetivo que tengas en mente. Si lo logras, te aseguro que te volverás imparable. Hagas lo que hagas, tus acciones se reflejarán y magnificarán en aquellos a quienes lideras y serán el resultado de esa conversación constante entre tu cabeza y tu corazón. Por lo tanto, aprende a autodirigir esta conversación —ese es el primer paso hacia el liderazgo de tus futuros compañeros de equipo.

Quizá, no hayan quedado registradas las grandes historias con respecto a la lucha por prevalecer que libró el heroico liderazgo de sir Ernest Shackleton, a pesar de las voces rivales que hubo en medio de su tripulación durante sus dos largos años de viaje. En 1914, Ernest Shackleton se embarcó junto con 22 miembros que conformaron la tripulación del Endurance, en su intento por ser el primer explorador en caminar por el continente de la Antártida. Dicho viaje fue realizado dos años después de que el noruego Roald Amundsen se convirtió en el primero en llegar al Polo Sur en 1911. Respaldado por la realeza y varias personas adineradas, y con el apoyo de Winston Churchill, quien servía en ese entonces como Primer Señor del Almirantazgo, Shackleton y su tripulación, seleccionada por él mismo, navegaron hacia la isla de Georgia del Sur. Y aunque los pescadores del lugar le advirtieron los pesados témpanos de hielo que había en los alrededores y le sugirieron que esperara un poco antes de intentar iniciar su expedición, como resultado de su pobre liderazgo y de su pésima planificación, tres miembros de su equipo de confianza perdieron la vida. Sin embargo, ante la realidad de la Primera Guerra Mundial, Shackleton no quiso esperar otro año para realizar su histórico intento transantártico y zarpó hacia el mar de Weddell (frente a la costa de la Antártida), donde el Endurance quedó atrapado en el hielo desde el 24 de enero de 1915 hasta que se hundió, el 21 de noviembre de 1915. En este punto, Shackleton realmente comenzó a liderar y lo que sucedió a continuación es una de las más notables de todas las historias de resistencia y triunfo humanos.

A menudo, sir Ernest escribió sobre sus luchas por mantener viva a su tripulación durante aquel peligroso viaje. Después de perder el Endurance, navegaron más de 300 millas hasta la isla Elefante; luego, otras 700 millas, al mismo tiempo que soportaban un huracán, todo esto en un esquife de 25 pies y, por último, se dirigieron de vuelta a Georgia del Sur. Nancy Koehn, historiadora de Harvard Business School, escribió un caso objeto de estudio con respecto a las técnicas de liderazgo de Shackleton durante esta increíble historia de supervivencia, señalando en *The New York Times:*

> "Después que el Endurance se hundió, dejando a aquellos hombres varados en medio del hielo, con tres pequeños botes salvavidas, varias carpas y suministros, Shackleton se dio cuenta de que él mismo tenía que encarnar la nueva misión de supervivencia no solo en lo que dijera e hiciera, sino también en su porte físico y en el nivel de energía que exudara"[1].

Shackleton afrontaba sus propias dudas de vez en cuando, pero nunca se lo dijo a su equipo. Él fue el primero en hacer sacrificios en pro de la tripulación. Decidió dejar su reloj de bolsillo de oro en el hielo cuando les ordenó a todos que dejaran atrás todos los elementos no esenciales. Le dio sus mitones a su fotógrafo, Frank Hurley, y las yemas de los dedos se le congelaron la mayor parte del tiempo. Ayudó a preparar las comidas y se aseguró de que todos comieran cada cuatro horas. A menudo, prestaba guardia para que sus hombres descansaran más.

Siempre lideró a lo largo del camino. Como miembro de su equipo, Frank Worsley describió la actitud de su jefe así: "Era su regla que él mismo sufriera de privaciones antes que nadie las sufriera".

Cuando Shackleton finalmente regresó a Inglaterra con toda su tripulación, su expedición había sido considerada un fracaso, sin embargo, su tripulación lo consideró un salvador. Ninguno de ellos hubiera sobrevivido de no haber sido por su enfoque en liderarse primero a sí mismo. Él sabía que sus acciones personales serían decisivas en su intento por mantener viva a su tripulación.

Muy pocos de nosotros tendremos que enfrentar las dificultades que enfrentaron el capitán y la tripulación del Endurance. Sin embargo, esa no es la razón por la cual quise mencionar la historia de Shackleton; lo hice para inculcarte la importancia del enfoque de un líder, pues este determina el resultado del equipo. Shackleton y su tripulación enfrentaron los témpanos de hielo con consternación y negatividad —una mentalidad fácil de asumir considerando que su barco estaba perdido junto con la meta de su expedición—. El resultado más seguro habría sido la muerte, pero la capacidad de Shackleton para enfocar su conversación interna en buscar éxito versus sentir lástima por sí mismo y por la situación que puso a su equipo afectó directamente la moral y el enfoque de su tripulación. Todos hemos tenido momentos en los que nuestra mentalidad y nuestras emociones están en conflicto, cuando nuestra cabeza nos dice que paremos y nuestro corazón nos dice que sigamos. Estas son el tipo de "conversaciones" a las que te animo a tener contigo mismo. Te brindarán claridad sobre tu propósito y tu dirección y te permitirán darles claridad a tus acciones y a tu equipo.

Nunca he experimentado los desafíos de navegar un esquife de 25 pies durante casi 1.000 millas náuticas en las gélidas aguas de la Antártida, pero experimenté mi propio "momento Shackleton" en los negocios y duró casi tanto como lo que le tomó al capitán del Endurance llevar a su tripulación a casa y sin peligro. Esta es la historia: poco después que mi empresa Perfect Fitness fue reconocida por la revista *Inc.* como la de más rápido crecimiento en el área de productos de consumo en los Estados Unidos (#4 en general), nuestro banco congeló nuestra línea de crédito. Ahora, no estoy tratando de hacerme la víctima. Les habíamos dicho a los gerentes del banco que íbamos a romper un par de convenios en nuestro contrato de crédito. Eso fue en marzo de 2009, durante el apogeo de la recesión económica mundial. Teníamos una línea de $15 millones de crédito; debíamos $8.8 millones y llevábamos en este banco tan solo seis meses cuando sus directivas decidieron que ya nosotros no encajábamos allí.

Los banqueros querían que les devolviéramos el dinero en 30 días. El enfoque que ellos querían que nosotros tuviéramos era: "¿Qué tanta cantidad de nuestro dinero podemos recuperar como entidad bancaria en los próximos 30 días?".

Estaban dispuestos a negociar con nosotros sobre cuánto dinero les devolveríamos, pero si hubiéramos aceptado su propuesta, habríamos estado en quiebra a los 31 días, el día después que les devolviéramos el dinero. Sin embargo, *nuestra* propuesta estaba a la intemperie y todo se convirtió en una perfecta tormenta de eventos, desde el nerviosismo de nuestro banco al cambiante panorama minorista hasta la volatilidad de los mercados financieros. En defensa del banco debo decir que sus preocupaciones no carecían de mérito. En los tres meses anteriores, nuestras ventas habían caído radicalmente debido a los cambios en el mercado. Por lo tanto, centrarse en lo que el banco iba a perder tenía sentido para ellos — para el banco, obviamente—. Pero para mi equipo, el enfoque tenía que ser sobre nuestra supervivencia, sobre cómo adaptarnos a los cambios y salir más fuertes y listos para hacer nuevos movimientos. Hubo un montón de otras lecciones que aprender de esta crisis, pero por ahora, en la que quiero enfocarme y hacer énfasis contigo es en esta: el punto donde pongas tu enfoque determinará tus acciones. Mi equipo y yo elegimos poner el nuestro en convencer al banco de que necesitábamos más tiempo, no en tratar de obtener descuentos en el saldo de nuestro préstamo. Así las cosas, creamos un equipo especializado que lograra que los banqueros alinearan su propuesta con la nuestra. ¡Y adivinen qué pasó! Día a día, semana a semana, el equipo bancario fue cambiando poco a poco su enfoque a *nuestro* enfoque de pagarle al banco la totalidad de la deuda durante un período más largo. A los 11 meses, les habíamos pagado cada centavo y al mismo tiempo mantuvimos viva la empresa y logramos aumentar nuestra línea de productos.

Como empresario, logré surfear esta ola de incertidumbre, porque ya había estado allí antes. Al igual que ocurría con mis instructores SEAL, los banqueros seguían diciéndonos que no lo lograríamos. "Renuncien ahora mismo", nos decían, "porque esa es su única opción que les queda". Y aun así, nuestro enfoque nos llevó a realizar diferentes acciones que nos ayudaran a encontrar maneras para mantener nuestra empresa a flote y en crecimiento. Habíamos construido nuestro propio equipo imparable y a la vez nos enfrentábamos a un obstáculo sobre el que muchos de los llamados expertos dijeron que era insuperable. Por lo tanto, cada vez que te enfrentes a un desafío, ya sea que te encuentres en una posición cómoda o que estés entre agua caliente, lo primero que debes hacer es tomar control de la conversación que esté ocurriendo dentro de tu cabeza. Necesitas construir una plataforma sólida para liderar a otros. También es necesario que mantengas tu enfoque y que este sea estable incluso cuando las voces a tu alrededor estén diciéndote que renuncies a tu meta. Y además, necesitas tener la capacidad de inspirar a todos y cada uno de los miembros de tu equipo y así acallar también sus voces.

En la era de las redes sociales y de ciclos de 24 horas diarias de noticias, nunca ha sido más importante aprender a sintonizarnos con lo que realmente nos importa. A menudo, para obtener información e inspiración, suelo recurrir al ejemplo ahora clásico de James E. Burke, el Director Ejecutivo de Johnson & Johnson entre 1976 y 1989. Seis años después de haber comenzado su gestión, Burke enfrentó un desafío que pudo haber llevado a la quiebra a J&J, empresa fundada en 1887. En 1982, siete personas en el área de Chicago murieron a causa de unas cápsulas de Tylenol que contenían cianuro y que un delincuente anónimo puso en la estantería de una tienda de venta al por menor. En ese momento, Tylenol tenía el enorme 35% de participación en el mercado de los analgésicos el cual le generaba $1.2 mil millones de dólares. De por medio, hubo vidas en riesgo y también tambaleó el futuro de la empresa.

Dada la gravedad de la situación, Burke conformó un equipo de siete personas para que se centrara en el manejo de tal amenaza, pero fue el enfoque de su liderazgo el que cambió el curso de la crisis y finalmente abrió el camino de la innovación y la oportunidad. Este veterano ejecutivo que trabajó durante 40 años en J&J recuerda aquella decisión como una "conversación" durante la cual su equipo tuvo que luchar hasta ponerse de acuerdo: se trataba de salvar vidas *y* al mismo tiempo salvar a Tylenol. Burke recuerda: "Siempre que nos preocupábamos de manera profunda y espiritual por los clientes, las ganancias jamás eran un problema"[2].

Por lo tanto, Burke tomó una serie de decisiones profundas. Ordenó el retiro de todos y cada uno de los frascos de Tylenol —más de 31 millones en total—. Les hizo llamadas diarias a los jefes de todas las principales estaciones de noticias para mantenerlos informados de lo que su empresa estaba haciendo. Les encargó a sus equipos que diseñaran nuevos modelos de tapas para los frascos y detuvo la distribución de Tylenol hasta que estas no estuvieran listas. En las semanas posteriores a su decisión, la participación de mercado de Tylenol cayó al 7%, pero a medida que se corrió la voz sobre la respuesta de J&J a la crisis, las ventas se recuperaron. Hacia finales de 1982, la cuota de mercado de Tylenol había vuelto a subir el 30% y al año siguiente alcanzó el 35%. Eventualmente, su decisión llevó a Burke a la Casa Blanca y fue honrado con el más alto premio civil, la Medalla Presidencial de la Libertad. Cuando le preguntaron acerca de cómo enfrentó esa decisión, él hizo referencia al ahora famoso credo de la empresa que, de forma deliberada, pone las necesidades de los clientes por encima de las de los accionistas: "El credo de la empresa es muy claro con respecto a qué es de lo que se trata exactamente nuestro propósito. Sus bases sólidas fueron las que me dieron las municiones que necesitaba para persuadir a los accionistas y a otros para que invirtieran los $100 millones que se necesitaban para reactivar la empresa. Y fue el credo empresarial el que me ayudó a convencerlos"[3].

Las conversaciones que los líderes deben tener consigo mismos, en conexión con su corazón y su mente, son cada vez más frecuentes —y eso es bueno—. Para ellos es saludable y productivo examinar sus propios pensamientos y creencias en aras de encontrar una manera de conciliarlos con las necesidades y objetivos del equipo.

Lo más fácil y, a menudo, lo más lógico, es renunciar, incluso si hacerlo va en contra de tus metas a largo plazo. Pero eso no fue lo que líderes como Shackleton y Burke hicieron. Más bien, ellos tomaron esas voces en cuenta, pero luego redirigieron sus energías y los esfuerzos del equipo hacia el horizonte, hacia los principios, valores y aspiraciones que más importaban. Recuerda: tu enfoque impulsa tus acciones y estas son emuladas por tu equipo. Por tanto, lidérate a ti mismo primero y luego sí lograrás liderarlos a ellos.

La fórmula enfócate, siente y actúa

Solo hay tres cosas que puedes controlar: tu mente, tus capacidades emocionales y las físicas. Eso es todo. No es posible controlar el clima, ni a nuestros competidores, ni al mercado, ni a nuestros empleados. ¡Qué desastre! Como padres, ¡ni siquiera podemos controlar a nuestros hijos! Sin embargo, sí podemos controlar lo que pensamos, cómo nos sentimos y cómo actuar y/o reaccionar ante lo que se nos presente. En pocas palabras, concéntrate en lo que puedes controlar y decide ante qué quieres reaccionar. ¡Punto! Lo que hagas dependerá totalmente de aquello en lo que te concentres.

La fórmula enfócate, siente y actúa le funciona a cualquier persona, pero también es la forma en que los líderes imparables construimos equipos 10x. Lo que tenemos que hacer es enfocarnos en crear un sentimiento que nos impulse hacia un comportamiento que resulte en una acción. A su vez, esa acción resultante terminará por reforzar nuestro enfoque y nuestros sentimientos o los cambiará para así generar una acción diferente. El desafío es tratar de darles sentido a todas esas voces internas.

¿Alguna vez has oído decir que "es más oscuro antes del amanecer"? (Esa es una afirmación verdadera, sí es más oscuro. Y por cierto, ¡también es más frío!). El punto es que estas voces terminan por volverse muy molestas cuando estás en el "más oscuro y frío" de los lugares. Y si no sabes reconocer qué voces escuchar, terminarás siendo víctima de la voz equivocada y nunca llegarás a ver las primeras luces de tu éxito. Aprender qué impulsa estas voces y cómo aprovecharlas a tu favor les dará tanto a ti como a aquellos que se unan a tu equipo una gran ventaja para volverse imparables.

El quejambroso, el susurrador y el actor

Nuestro cerebro tiene más de dos millones de años, pero a pesar del paso del tiempo, no ha cambiado mucho en ciertos aspectos. Primero que todo, algunas investigaciones neurocientíficas confirman que nuestro cerebro está preprogramado para la autoconservación; en segundo lugar, que es perezoso; y en tercero, que algunas sustancias químicas vitales que son producidas en nuestro cuerpo tienen un impacto dramático en cómo pensamos y sentimos. Gran parte de la historia humana ha sido una lucha por la supervivencia en entornos hostiles. Y a pesar de vivir en circunstancias mucho más lujosas, la mayoría de nosotros, quienes vivimos en los países desarrollados de hoy, nuestro cerebro sigue funcionando como si el mundo fuera tan peligroso como antes y, por tanto, intenta mantenernos enfocados en evitar riesgos, en la autoprotección y siempre alertas ante la posibilidad de tener que luchar o huir.

Cuando digo que nuestro cerebro es perezoso, me refiero a que es infinitamente centrado en la conservación de nuestra energía corporal (las calorías), que es muy valiosa para nuestro cerebro prehistórico, en parte, porque hubo muchas veces en que la comida escaseaba. Pensar requiere una gran cantidad de energía, así que el cerebro busca la solución más simple y en nuestro mejor interés. El cerebro es muy hábil para encontrar razones para no hacer algo. Cuantas veces has pensado: "*¿Cuál es el objetivo de esto?*" O "*¿Por qué debería hacer esto?*" O "*¿Quién más ha hecho esto?*". Las respuestas a este tipo de interrogantes son la forma del cerebro de intentar conservar energía y evitarnos riesgos y nuevos desafíos.

Por último, las capacidades funcionales de nuestro cerebro dependen directamente de tres aspectos: la nutrición, el sueño y el ejercicio. Estos tres pilares influyen de manera drástica en la función cerebral y todos están interconectados. Habrás oído el viejo dicho: "Uno es lo que come". Ahora, piensa en una versión más detallada y más inclusiva de esta frase: "Dime qué comes, qué tan bien duermes y la frecuencia con la que haces ejercicio y te diré lo que piensas". Come papas fritas y pasta todo el día y te volverás mentalmente lento e incapaz de procesar

tareas complicadas después de que el efecto hiperactivo del azúcar des-
aparezca. Lo mismo ocurre con el sueño. ¿Alguna vez has permanecido
despierto hasta 24 horas seguidas? ¿O hasta 48 y 72 horas? Como parte
del entrenamiento SEAL, tuve que permanecer despierto por más de
96 horas. ¿Sabes lo que pasa cuando uno hace eso? ¡Que alucina! El
cerebro necesita dormir para funcionar. Y cuanto mejor duerma, mejor funciona. Lo mismo ocurre con respecto a hacer ejercicio. Cuando
nuestro ritmo cardíaco aumenta durante el ejercicio, mejora la circulación, lo que significa que hay más flujo de sangre en el cerebro. La sangre transporta nutrientes y oxígeno junto con hormonas que estimulan
la función cerebral.

Te preguntarás: ¿qué tiene que ver todo esto con la conformación
de equipos? La respuesta es sencilla: saber cómo funciona el cerebro
nos facilita entender cómo ayudarles a otros a mantenerse enfocados
en lo más importante. El cerebro es astuto. Siempre está intentando
convencerte a ti y convencer a tus compañeros de no presionar, de no
aventurarse en lo desconocido, ni ir en contra del consejo de la multitud. Apreciar por qué nuestro cerebro funciona de esa manera es extre-
madamente útil para entender cómo "convencerlo" para que funcione
a favor y no en contra de nuestros objetivos. Tu cerebro siempre será
un poco quejambroso, pero puedes detener algunas de sus quejas ali-
mentándolo, descansando y ejercitándolo. Además, es posible mantener
bajo control todas esas quejas aprendiendo a gestionar otro componente crucial que hace parte de tu plataforma: tus emociones.

Existen muchas opiniones que intentan explicar de dónde provienen
con exactitud nuestras emociones, pero en aras de la simplicidad, usaré
de manera indistinta el "corazón" y el "intestino" como su ubicación
general. El adagio "confía en tu intestino" ha sido probado a nivel científico y resultó que allí tenemos un segundo cerebro. La misma clase
de neuronas existentes en nuestro cerebro existe también en nuestro
intestino; la única diferencia es que tenemos más de 80 mil millones de
neuronas en la cabeza y un poco más de 500 millones de neuronas en
el intestino. Es decir, el cerebro tiene muchas más células o neuronas de
comunicación que el "corazón" o "intestino". Por lo tanto, los efectos
de nuestras emociones en nuestras acciones tienden a parecer más suti-

les —por esa razón es qué me refiero a ellos como susurradores—, pero su impacto es quizás aún mayor.

¿Recuerdas algún momento en que hiciste algo mal y sabías que eso estaba mal, pero lo hiciste de todos modos? Tengo muchos momentos de esos que me gustaría usar como ejemplos, pero me referiré a uno de los más lejanos y que aún hoy recuerdo como si hubiera sido ayer. Cuando era niño, mi actividad al aire libre favorita era cazar ranas, serpientes y tortugas. Me iba en mi bicicleta hasta un estanque que había en un campo de golf público y, una vez allí, esperaba a que los golfistas dieran el primer golpe y luego paseaba por toda la orilla con la esperanza de acercarme sigilosamente a alguna rana, serpiente o tortuga. Me encantaba el deporte de atraparlas y disfrutaba de la emoción de traer una a casa y tomarla como mi nueva mascota.

Un día, un niño mayor que yo llegó al estanque y me mostró su técnica para atraparlas. Usó un palo largo para golpear la espalda del desprevenido animal en turno. El chico me prometió que no lo lastimaría; simplemente, "lo noquearía" el tiempo suficiente para poder agarrarlo. Yo estaba emocionado con esta nueva técnica y me dispuse a probarla en una rana que se me había escapado durante semanas. Hasta ese momento, no lograba llegarle más cerca de unos pocos pies antes de que ella saltara a un lugar seguro en el medio del estanque. Pero ahora, armado con mi palo largo, podría acercarme sigilosamente y golpearla tal como me había indicado aquel chico mayor. Para mi deleite, ¡funcionó! La rana grande y vieja no se movió mientras yo me escabullía en el lodo para capturarla y tomarla como mi mejor premio. Ese momento para mí fue de absoluto orgullo, seguido de un repugnante sentimiento en mi estómago que crecía con cada segundo que esta rana no se despertaba. Los segundos se convirtieron en minutos y la rana permanecía en su estado de "noqueada".

En un solo instante, mi alegría se convirtió en un momento de tristeza. Había matado a esa misma rana que esperaba llevar a casa y a la escuela para mostrarla y contar la historia. Me enfermé del estómago, lloré como un bebé y me juré a mí mismo que nunca más usaría esta nueva técnica del golpe con un palo en la espalda de ningún animal. Eso fue hace más de 40 años. No recuerdo el nombre del chico que me la enseñó, ni la fecha, ni el día de la semana, pero sí recuerdo todo sobre cómo me sentí cuando maté a esa rana. Recuerdo que la llevé muerta a casa. Recuerdo haberle mostrado su cuerpo inerte a mi mamá. La recuerdo a ella ayudándome a enterrarlo. Recuerdo que lloré hasta quedarme dormido esa noche.

Cuento esta historia como un simple ejemplo del poder de las emociones. Estas se manifiestan suavemente, pero también suelen ser exigentes, a menudo, anulando la lógica que nos presenta nuestro cerebro. ¿Alguna vez escuchaste o viste a alguien haciendo una hazaña heroica ante un peligro extremo, como meterse en medio de un incendio para salvar a alguien? ¿O que tal el soldado que corre hacia la línea de fuego para rescatar a un compañero de pelotón herido? Ejemplos de resultados de personas impulsadas por sus emociones están por todas partes y a nuestro alrededor, sobre todo, cuando se trata de deportes (sin mencionar el romance, los juegos de azar y el baile disco). Es indudable que, en el lugar de trabajo, las emociones juegan un papel más importante de lo que nadie quiere admitir. Nos gusta pretender que la racionalidad, la lógica y la razón gobiernan a lo largo de las jornadas de negocios, pero la realidad es que la mayoría de las decisiones y las acciones también dependen bastante de las emociones —de la forma en que los líderes se autorregulen —o no— y de la forma en que las desplieguen para inspirar a sus equipos.

La multitud de sentimientos que fluyen por nuestra mente minuto a minuto se suma a nuestras emociones: amor, odio, ira, tristeza, arrepentimiento, felicidad, cariño… todos estos son sentimientos que pueden llegar a saltar al asiento del conductor y llevarnos a tomar los cursos de acción más desagradables, como lastimar a otros o lastimarnos a nosotros mismos. Y por el contrario, también nos impulsan a tomar acciones que salven vidas y le traigan alegría a la gente. Las emociones fuera de control son como conducir un coche sin quitar nunca el pie del acelerador. Llegará el momento en que terminas por chocar o lastimar a otra persona. Pero si aprendes a regularlas, a redirigir tu atención hacia emociones productivas, aprenderás a conducir como un campeón de Fórmula Uno, tomando las curvas de manera experta, aprendiendo cuándo frenar y cuándo ir a gran velocidad a medida que surjan nuevas crisis y oportunidades en el camino.

Y ahora que ya hemos cubierto los dos primeros componentes de la fórmula enfócate, siente y actúa, pasemos al tercero. Te sorprenderá saber que cuando te unes al ejército, los instructores no te muestran de inmediato cómo sostener una arma, hacer la cama, ni incluso cómo saludar. La primera lección que aprendes es cuál debe ser la postura corporal adecuada. Los instructores se basan en varias acciones pequeñas, comenzando con la postura de los pies. Ellos quieren que mantengas los talones juntos mientras los dedos apuntan a 35 grados, las rodillas deben estar ligeramente dobladas, el pecho va hacia afuera, los hombros hacia atrás, los brazos al costado, los dedos enrollados hacia adentro sin que se vean las uñas, la barbilla va hacia arriba y los ojos hacia adelante. La postura física es un aspecto crucial en el ejército y no es solo para lucir elegante en el patio de armas, ni solo porque comunica respeto militar hacia los demás militares, sino porque además activa la forma en que uno se siente.

¿Te suena descabellado?

Prueba este ejercicio: mira hacia el suelo, apoya la barbilla en tu pecho y mueve los hombros hacia adelante al tiempo que encorvas la espalda. ¿Te sientes poderoso? ¿Qué tan confiado en ti mismo te sientes? Ahora, da un par de pasos en esa misma postura. ¿Tus pasos tienen energía o estás arrastrando los pies? Ahora, intenta tener una conversación en esta posición. ¿Luces seguro? ¿Cómo suena tu voz? ¿Convincente? ¿Crees que podrías vender algo manteniendo esa postura y sintiéndote así? Por supuesto que no. Te ves abatido, te falta energía y estás deprimido y murmurando, como si estuvieras teniendo lástima de ti mismo.

Ahora, cambia tu postura y haz que coincida con las instrucciones militares que acabo de esbozar. Notarás que una serie de reacciones fisiológicas comienzan a surtir efecto, empezando desde el flujo sanguíneo y siguiendo con el flujo de aire. La posición de tu cuerpo afecta directamente tu estado de ánimo. Ahora, ya puedes usar mejor el rango completo de tus cuerdas vocales y toda la tráquea, porque tu barbilla hacia arriba permite un flujo de aire óptimo hacia los pulmones. Tu espalda está recta, tus caderas están alineadas y tus rodillas están dobladas, lo que te permite una circulación sanguínea inmejorable en todo tu cuerpo. En apenas unos segundos, un nuevo sentimiento toma forma en tu interior: te sientes seguro, orgulloso y fuerte. Ahora, da un paso. ¿Cómo caminas? ¿Sientes la transferencia de energía de cada pie a medida que lo levantas del suelo y te impulsas hacia adelante? Ahora, entabla una conversación con alguien o incluso contigo mismo mientras te miras en un espejo. ¿Cómo suena tu voz? ¿Te gusta? ¿Suenas confiado e incluso autoritario? ¿Cuál postura crees que te ayudaría más a vender algo o a convencer a alguien de que se te una en una misión peligrosa o en un viaje hacia lo desconocido (por ejemplo, trabajar en la formación de equipos)?

Nuestra capacidad para responderle al quejambroso (el cerebro) y escuchar al susurrador (nuestras emociones) está directamente relacionada con nuestras acciones físicas. La postura es solo el punto de partida. Intenta pronunciar un discurso sentado en una silla y luego intenta dar ese mismo discurso de pie. ¿Qué posición crees que logrará un resultado más positivo? Y hablando de sentarte, trata de tener una conversación estando sentado derecho e inclinado hacia adelante. Ahora, échate hacia atrás en tu silla, recostado hacia atrás. ¿Notas cómo cambia tu nivel de energía? ¿Crees que serías efectivo resolviendo problemas de matemáticas en esta posición relajada? Otra pregunta: ¿eres más convincente quedándote quieto o moviéndote? Intenta caminar y hablar en lugar de sentarte y hablar. ¿Cuál postura te hace sentir más comprometido? Pista: todo esto tiene que ver con un aumento del flujo sanguíneo al cerebro.

Al instructor Smith le encantaba recordarnos en su marcado acento bostoniano: "Sus cuerpos no son más que la muestra del estado de los cerebros que hay en este grupo". Su punto era que nuestro cuerpo entero apoya las funciones de nuestro cerebro. Es el responsable de proveerle oxígeno al cerebro, así como los nutrientes adecuados. También es el encargado de ejecutar los comandos del cerebro, es decir, de actuar. La condición de nuestro cuerpo determina cuánto trabajo somos capaces de realizar. El trabajo descrito como una ecuación científica se multiplica en masa por aceleración multiplicada por distancia. La capacidad de nuestro cuerpo para manejar una carga de trabajo sostenida, también conocida como resistencia, afecta varios impulsores mentales y

emocionales, como lo que pensamos que podemos hacer y lo que sentimos (creemos) que podemos intentar. Piensa en esto por un momento:
si subes el tramo de unas escaleras y te quedas sin aliento, ¿cómo crees
que tu cerebro interpretará este resultado? ¿Crees que tu cerebro res-
pondería algo como: "Oye, vamos a escalar una montaña"? No, claro
que no. Tu cerebro se pondrá del lado de tu cuerpo, se concentrará en
lo forzado que estabas respirando y amplificará la situación con una
respuesta como: "Vaya, la próxima vez, toma las escaleras mecánicas
para evitar un posible ataque cardíaco".

El truco es este: si te permites aceptar la salida fácil, tu cerebro con-
tinuará buscando razones para no hacer el trabajo extra y tu cuerpo
creerá en ellas. Es así como terminarás cada vez más fuera de forma.
Sin embargo, si enfocas tu cerebro en cómo hacer para lograr subir
esas escaleras más rápido, tu cerebro buscará formas más eficientes de
desplazar tu cuerpo por las escaleras. Haz esta rutina unas pocas veces
y desatarás una reacción positiva en cadena. Tu frecuencia cardíaca
se elevará lo suficiente como para producir hormonas generadoras de
sensación de bienestar (dopamina y serotonina) que a su vez estimula-
rán neuronas cerebrales útiles para construir nuevas vías y asociaciones
positivas entre "sentirse bien" y "subir escaleras".

El proceso de construir nuevas vías neuronales es como abrir un camino nuevo en medio de una densa jungla[4]. La primera vez, es difícil
andarlo; cada paso es difícil, porque estás abriéndote camino con un
machete a través de la enmarañada vegetación. Sin embargo, si vuelves al día siguiente por ese mismo camino, ya será más fácil recorrerlo.
Quizás, algunas partes de la vegetación hayan vuelto a su lugar, pero tú
no estarás lastimándote con tantas ramas como el primer día. Haz esto
día tras día y verás cómo tu camino se convertirá en un sendero bien
marcado. Cuanto más recorras esa ruta, más fácil y más rápido llegarás a tu destino. Lo mismo pasa dentro de tu cerebro cuando intentas
hacer algo nuevo. Normalmente, la primera vez, suele ser la más difícil.
Digo, normalmente, ya que, cuando intentamos hacer algo nuevo, por
lo general, la primera vez casi siempre termina siendo un fracaso —ni
siquiera terminamos de hacer lo que empezamos— y no obtenemos
la satisfacción de haber atravesado todo nuestro camino en medio de

la "jungla". Aquí es donde el cuerpo puede ayudarnos a intentarlo de nuevo. Aunque hayamos fallado, el cuerpo no sabe la diferencia entre éxito y fracaso; solo conoce el trabajo. Cuanto más trabajo hacemos, más fortaleza alcanzamos y más de esas hormonas saludables se producen. Depende de nuestros conductores mentales y emocionales decidir lo que hace nuestro cuerpo. Si le pedimos que haga demasiadas cosas, muy rápido, nuestro cuerpo se apaga (es decir, se queda sin energía). Sin embargo, si nuestro cuerpo está acondicionado para la carga de trabajo que le demos, estará en condiciones de proporcionarles una retroalimentación positiva a nuestros conductores mentales emocionales para estos que puedan seguir adelante.

Ya sea que estés subiendo por unas escaleras o vendiendo alguna cosa, aplican las mismas reglas. Tu cuerpo juega un papel de gran influencia al momento de decidir en qué concentrarte y es un medio vinculante entre cómo te sientes con respecto a tus acciones. Esta conversación de tres vías entre nuestras voces mentales, emocionales y físicas es constante. Por lo tanto, tener una buena comprensión de estos tres influencers es fundamental para liderar a tu equipo principal: tú mismo. Entonces, ¿cómo lograr que estas tres "voces" individuales formen un solo equipo y trabajen en unidad?

Por qué es importante

La clave para hacer que tu plataforma mental, emocional y física trabaje a tu favor es comprender *qué* te importa y *por qué*. Toma las dos historias al comienzo de este capítulo —la relacionada con sobrevivir al entrenamiento SEAL y la de la vez que tuve que enfrentarme a la quiebra con mi primera empresa—. En el entrenamiento SEAL, ¿por qué tantos candidatos más fuertes y veloces renunciaron, mientras que otros que no fueron tan fuertes o tan veloces soportaron hasta el fin? No puedo hablar por todos ellos, pero sí sé por qué yo seguí en la lucha. Mi enfoque estaba en lo que me importaba. Yo no me enfocaba en ser un SEAL en medio de un "día soleado"; más bien, me concentré en todo esas personas que me decían que yo no sería capaz de alcanzar esa meta. Pensaba en el médico que me diagnosticó asma cuando era niño y que sugirió que llevara un estilo de vida menos activo y que lo mejor para mí sería que aprendiera a jugar ajedrez. Pensaba en las personas que más me importaban, como mis padres y mi hermano, y en cómo se sentirían ellos si yo renunciara. Cada vez que me encontraba en el más oscuro de los momentos, cuando la "conversación" conmigo mismo se convertía en una discusión dentro de mí, yo centraba mis pensamientos en por qué me importaba realizar todo el entrenamiento SEAL. Cada vez que me encontraba al borde de renunciar, me enfocaba en las personas que más me importaban y en el impacto que mi fracaso causaría entre ellas y yo. Ese solo pensamiento generaba un sentimiento tan inaceptable dentro de mí, que siempre encontré la fortaleza necesaria para seguir adelante. Más tarde, cuando me enfrenté a la bancarrota con mi empresa startup, las personas que más me importaban eran (son) mi esposa y mis hijos. Recuerdo que entraba en la habitación de los niños, los veía dormir y me imaginaba diciéndoles: "Chicos, papá renunció hoy". Casi escuchaba aquella conversación mientras los miraba y podía escucharlos diciéndome: "¿Por qué, papá?" y "¿Qué significa esto, papá?". Yo tendría que explicarles que significaba que tendríamos que irnos lejos y comenzar de nuevo. Cada vez que pensaba en esa conversación y me centraba en el resultado negativo de la situación en la que me encontraba en ese momento, un sentimiento tan terrible surgía dentro de mi estómago que siempre terminaba encontrando la determinación necesaria para emprender otra acción que me llevara a superar el obstáculo que tenía al frente.

Entonces, ya sea que estés entrenando para soportar el dolor físico, luchando con un desafío mental o lidiando con un problema emocional, tu arma más poderosa es entender por qué es tan importante para ti superar ese obstáculo. Cada vez que me encuentro frente a uno de estos obstáculos, mi mayor fortaleza proviene del enfoque y comprensión que tengo de por qué eso es tan importante para mí.

Estamos programados para interesarnos en los demás. Nuestro interés a hacia ellos es más poderoso cuando nos enfocamos en un individuo específico y lo personalizamos, ya que el poder de nuestro interés pierde su influencia a medida que expandimos su alcance. Por ejemplo, si te propones recaudar dinero para obras de caridad, ¿cuál crees que sea una conexión más poderosa: contar una historia personal sobre los desafíos de un niño (mejor aún, lograr que sea el niño mismo quien cuenta su historia) o contar una historia general sobre un gran grupo de personas necesitadas? Ante todo, nos conectamos a nivel individual. Lo mismo ocurre cuando se trata de enfrentarnos con esos demonios de la inseguridad. Durante el entrenamiento SEAL, yo pensaba en miembros específicos de mi familia; con los negocios, mi enfoque primordial estaba puesto en mi esposa y mis hijos. En ambos casos, me enfocaba en las personas que más me importaban. En otras palabras, el secreto para derribar a esos demonios de la duda y convencer a tu plataforma de seguir adelante consiste en conectar tu interés en el nivel individual.

Durante años, pasé por este proceso informal de determinar qué y por qué me importaba cuando la lucha aumentaba hasta el punto de cuestionarme por qué estaba haciendo lo que estuviera haciendo. Recuerdo hallarme a mí mismo teniendo estas conversaciones circulares. Unas veces, me elevaban en espiral; otras veces, me arrastraban en picada. Un punto de inflexión durante mi entrenamiento SEAL ocurrió cuando me encontraba en medio de un recorrido de tres millas de nadado abierto en el océano, unas cuatro semanas después de haber terminado aquella semana infernal. Durante el entrenamiento, estuve escondiendo mis medicamentos para el asma, porque sentía que estos me ayudarían (en ese momento, había estado tomándolos desde hacía más de 10 años). Sin embargo, ese día, algo estaba mal, realmente mal. Sé que la idea de nadar tres millas suena a un recorrido largo, pero cuando usas aletas y tienes un compañero de natación, el asunto no parece tan desalentador. Las prácticas de natación eran una actividad que la mayoría de nosotros anhelaba, porque era una garantía de que, durante una hora o más, los instructores no nos molestarían. Pero en aquella ocasión, la cosa fue diferente para mí.

Mis pulmones luchaban por respirar. Sentía como si estuviera respirando a través de un tubo parcialmente lleno de líquido. El fluido que bloqueaba mis vías respiratorias hacía que mi respiración sonara bastante forzada. Más o menos, hacia la mitad del recorrido, mi compañero de natación me miró y me dijo: "Oye, Millsy, tienes sangre en los labios. ¿Estás bien?". El líquido que llenaba mis pulmones era sangre. Sentí que me estaba ahogando. En minutos, me sacaron del agua y de la clase y me llevaron directo al médico. Horas después, y luego de varias pruebas, incluido un análisis de sangre completo, me descubrieron mi secreto —la medicación para el asma—. El médico principal me dijo: "Alférez Mills, los asmáticos no están permitidos en el entrenamiento SEAL. Usted tiene asma y no debería estar aquí. Es notable que haya llegado tan lejos como lo hizo, pero este es el final de su meta. No tiene nada de qué avergonzarse. Usted no está renunciando, está siendo retirado de BUD/S por orden médica".

Recuerdo haber pensado por un solo segundo en lo simple y lógico que sonaba todo eso. Era un camino fácil de tomar; se salvaba mi orgullo y me brindaba la excusa perfecta frente a todas las personas que más me importaban en la vida: se trataba de una enfermedad médica. Sin embargo, yo no quise tomar ese camino. Lo rechacé. Retrocedí y de la manera más cortés posible le dije el médico que yo no tenía asma y que solo estaba usando el medicación para ayudarme a recuperarme de una infección pulmonar que contraje durante aquella infernal semana.

El doctor estaba furioso. Me sacó de mi clase, me puso lo que se llama una retención médica y me envió al hospital principal del ejército en San Diego para que me realizaran una evaluación completa y detectar si tenía o no asma. El proceso tomó más de una semana y tuve que esperar más de cinco semanas hasta saber cuál sería mi destino: recibir un informe médico en el que sería dado de alta o en el que se me permitiría unirme a la siguiente clase SEAL. Tenía mucho tiempo libre para reflexionar sobre mi situación y fue durante estos días que creé un proceso para lidiar con mis desafíos, sobre todo, con aquellos que sentía que estaban fuera de mi control. A este proceso lo llamo "hacer un conteo de resultados" y desde entonces lo uso para todas las dificultades que he enfrentado desde aquel día en que me sacaron del agua y casi me obligaron a salirme del entrenamiento SEAL. (Pasé la prueba de asma llamada el desafío metacolina en el cual te ponen en una caja sellada y miden el volumen de tus pulmones antes y después de rociarla con un producto que induce al asma generando niebla en los pulmones. Cómo pasé, esa es otra historia, pero baste con decir que ese fue el día en que dejé de tomar toda clase de medicamentos para el asma).

Así es como funciona mi estrategia del "conteo de resultados". Dibuja una T mayúscula en una hoja de papel en blanco y escribe tu objetivo bien definido encima de la T. Sé lo más específico posible. En el caso del entrenamiento SEAL, yo quería graduarme con la siguiente clase: Clase 182. Luego, escribe un signo + en un lado de la línea vertical de la T y un signo − en el otro. Después, responde estas tres preguntas:

1. ¿Cuál es el resultado de lograr este objetivo (es decir, qué te sucederá a ti)?

2. ¿Quiénes se verán afectados con este resultado?

3. ¿Cómo te hace sentir ese hecho?

Responde estas preguntas dos veces. La primera, asumiendo que alcanzas la meta. La segunda, suponiendo que no. Cuanto más puedas visualizar tus sentimientos y el impacto que tu éxito o fracaso tendrá en otras personas, más útil será el ejercicio. Si no sientes un "vacío" físico creciente en tu estómago al pensar en no lograr este objetivo, entonces: o no estás visualizando tu meta de la manera más creativa y suficiente posible o, después de todo, la meta no es tan importante para ti. Cuando yo estaba pensando en dejar el entrenamiento SEAL, venían a mí pensamientos sobre cómo me sentiría dentro de 20 años contándoles a mis hijos por qué "papá renunció" y les decía: "No hagan lo que papá hizo". Por lo tanto, esfuérzate al máximo por encontrar consecuencias horribles y sentimientos felices en ambos lados de tu resultado. La siguiente es una muestra del esquema para contar resultados.

+	−
1. Resultados	1. Resultados
2. Impacto	2.Impacto
3.Sentimientos	3. Sentimientos

El conteo de resultados te proporciona unas bases que te permiten descubrir por qué te importa. A medida que avances en este proceso, descubrirás que enfocando tu atención en brindarles alegría a quienes más te importan en lugar de defraudarlos se convierte en tu mayor fuente de inspiración. Además, le aporta claridad a tu plataforma y te ayuda a liderar la conversación contigo mismo de una manera más ordenada.

Todo esto te ayudará a eliminar los quejambres que haya en tu cabeza y aumentará las motivaciones de tu corazón. Saber lo que te importa y cómo te hace sentir te servirá para concentrarte en todo lo que respecta a tomar las medidas necesarias para tener éxito. Convertirnos en líderes imparables comienza, ante todo, por comprendernos a nosotros mismos.

CAPÍTULO 2

HALLAZGOS IMPARABLES

C uando era pequeño, uno de mis programas de dibujos animados favorito era uno de los sábados por la mañana. Se trataba de *Los Súper Amigos*. Dicho programa se basaba en una colección de superhéroes conocidos, incluidos Superman, La Mujer Maravilla, Aquaman y Batman y Robin. Como el programa creció en popularidad, surgieron más superhéroes, como Flash, Cyborg, Linterna Verde y mi dúo favorito, los Gemelos Fantásticos. Todos estos personajes tenían diferentes poderes y debilidades. Entonces, Superman podía volar y ver a través de paredes, pero era impotente contra la kriptonita. Aquaman podía respira bajo el agua y aprovechar el poder de los océanos, pero perdía sus poderes fuera del agua. Batman y Robin tenían inventos especiales para todo tipo de misiones, como el Batimóvil y el Baticóptero, pero seguían siendo humanos. La Mujer Maravilla tenía fuerza y velocidad sobrehumanas y podía detener las balas con brazaletes a prueba de ellas, pero no era inmune a lesionarse. Cuando la serie se acabó, más de 20 superhéroes se habían unido a los originales para luchar contra los villanos más inimaginables. Estos tipos demoniacos (y chicas) tenían más superpoderes que cualquier Súper Amigo, pero carecían de un poder fundamental: la capacidad de hacer equipo. Cada programa tenía un tema similar: un solo superhéroe intentaba vencer a un villano, era capturado (o estaba a punto de encontrarse con su oponente en poderes) y luego debía confiar en que su equipo de súper amigos desplegaría sus diversos superpoderes y destruiría al villano.

Los Súper Amigos era un programa divertido, porque no existía un superhéroe que pudiera hacerlo todo; cada uno necesitaba a los demás para salvar al mundo. A veces, peleaban entre ellos, pero cuando el destino del mundo estaba en juego, siempre aprovecharon todos sus poderes al unísono para ganar. Este vendría siendo el primer programa de caricaturas en representar superhéroes haciendo equipo, pero el tema es tan antiguo como los griegos. Hace 3.000 años, los griegos inventaron sus propios "súper personajes de amigos" para cautivar a la gente; ellos los llamaron dioses y diosas. El elenco incluía ocho dioses y seis diosas con todo tipo de poderes divinos diferentes, que iban desde Afrodita, la diosa de la belleza y el amor, hasta Ares, el dios de la guerra. También estaba Poseidón, dios del mar, y Zeus, rey de los dioses, quien tenía más poder que el resto. Además, había un villano en común, Hades, dios del inframundo. Y cuando los dioses y diosas eran desafiados, ellos también se unían para derrotar los poderes oscuros del inframundo. Ningún dios o diosa griegos era todopoderoso; los poderes de cada uno complementaba a los de los demás. Unidos, ellos eran imparables.

¿Ves mi punto? Todos los grandes equipos están formados por personas con habilidades y fortalezas complementarias. Tal vez, tú no pienses en tu capacidad analítica para manipular hojas de cálculo como un superpoder, pero si trabajáramos juntos, yo sería el primero en reconocértelo. Las hojas de cálculo me dan urticaria. De acuerdo, tal vez no, pero me entra pánico con solo pensar en tener que lidiar con ellas. Por su parte, quien ama las tablas dinámicas y el análisis de datos quizá siente ganas de vomitar ante la idea de tener que dirigir una presentación de ventas. Claro, estos "poderes" podrían no ser tan glamorosos como los de saltar sobre edificios altos o respirar bajo el agua, pero son habilidades y talentos reales, crucialmente importantes para hacer crecer una empresa o salvarla de la quiebra. Yo he liderado tanto el crecimiento como el ejercicio de ahorro de una empresa y sé que la única manera en que derrotamos a la competencia y vencimos a la bancarrota (los villanos) fue mediante la conformación de equipos de personas con múltiples habilidades.

A lo mejor, te parecerá que todo lo que necesitas hacer es construir un grupo de personas con diferentes habilidades, unirlas y ¡listo! ¡Ya tienes un equipo imparable! Sin embargo, construir equipos imparables es un desafío. Por un lado, nuestro ego, nuestro orgullo y nuestras inseguridades tienden a impedirnos ver dónde están nuestros verdaderos poderes (y nuestras debilidades reales). En segundo lugar, reconocer los superpoderes de otras personas no siempre es fácil. Tercero, para aquellos con talento individual suele ser un desafío ver los beneficios de trabajar con otros en aras de lograr un objetivo común. Muchos emprendedores de alto nivel de rendimiento consiguen sus objetivos centrándose en sí mismos, en sus habilidades y en sus objetivos. Por esa razón, no es tarea fácil tratar de convencerlos de trabajar en función de "nuestro" objetivo y no solo en "mi" objetivo.

Asimismo, muchos líderes de equipo no son honestos con ellos mismos sobre sus propias fortalezas y debilidades. Más de nosotros pensamos que somos mejores de lo que realmente somos en distintas áreas. Es difícil afrontar nuestras propias debilidades. No es divertido discutir a qué apestamos. Por otro lado, todos amamos pensar y hablar de momentos en los que salvamos el día, hicimos un gol o realizamos una venta. Tendemos a enfatizar demasiado en nuestra propia participación y a marginar la de los demás —a menos que y hasta que decidas volverte imparable—. Así que entender tus verdaderos dones no solo te ayudará a desarrollar todo tu potencial, sino que también te llevará a identificar tus debilidades. Y cuando las conozcas, empezarás a trabajar buscando otros súper amigos que quieran unirse a ti y hacer parte de un equipo imparable.

Sé sincero contigo mismo

A veces, nuestros propios superpoderes no nos son obvios. Por esa razón, necesitas confiar en otros para que sean ellos quienes te ayuden a identificar tus fortalezas y debilidades. A esto lo llamo triangular, por la técnica de navegación terrestre que aprendimos durante el entrenamiento SEAL (también se enseña en clases de supervivencia en medio de la naturaleza). Cuando estás perdido en el bosque, pero tienes un mapa y una brújula, puedes triangular para descubrir tu posición. Mientras puedas trepar a un árbol o llegar a algún punto estratégico, será simple ubicarte. El caso es que, para triangular, necesitas localizar tres puntos inmóviles alrededor tuyo que estén trazados en el mapa, como una montaña, una curva en un río y una roca enorme. Ahora, usa tu brújula para buscar un punto fijo a partir de cada ubicación. Después, dibuja una línea en tu mapa a partir de cada uno de esos puntos y notarás que la intersección de los tres formará un pequeño triángulo, de ahí el término *"triangular"*. Tu ubicación está dentro de ese triángulo. La figura siguiente te servirá de ejemplo.

Triangulación

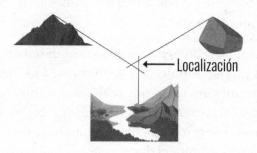

←— Localización

Este método para encontrar tu ubicación en el bosque puede adaptarse y ayudarte a descubrir tu verdadera habilidad. Estos son los pasos:

Primer paso: Elige, por lo menos, a tres personas de tres entornos diferentes de tu vida para que te den una retroalimentación honesta. Selecciona gente que te diga las cosas de manera directa y sin miedo a lastimar tus sentimientos. Eso sí, asegúrate de que cada uno de tus tres elegidos represente tu vida profesional, tu entorno personal y tu comunidad. ¿Eres voluntario en alguna institución? ¿Vas a la iglesia? ¿Tienes un entrenador? ¿Participas en alguna liga de fútbol de tu localidad? ¿Tienes amigos que hagan yoga? Sean cuales sean tus intereses, busca a alguien que mejor represente tu vida en comunidad. En el lado personal, yo confío en mi esposa para recibir comentarios críticos, y vaya, ¡ella no me oculta nada! En ese aspecto, podrías elegir a tu padre o abuelo, a un entrenador sénior, a un nuevo maestro o a un amigo cercano. En cualquier caso, elige personas con las que puedas contar para que te brinden una retroalimentación sin tapujos en el área personal. Y en el área del trabajo, dile a un colega que no tenga que reportarse contigo, pero con quien hayas trabajado o estés colaborando estrechamente.

Segundo paso: Hazles esta pregunta: "Si tuvieras que contar conmigo para que te salvara la vida y yo tuviera que salvártela usando únicamente mi mejor habilidad, ¿cuál crees que yo utilizaría? Ellos deberán responderte dándote un verbo, no un sustantivo. Ayúdales a enfocarse en que te den un verbo. ¿En qué acción eres mejor? ¿Analizando datos, haciendo diagramas, coordinando un proyecto, inventando ideas… o en qué otra cosa? Haz que se concentren en lo mejor de ti. El objetivo es encontrar "tu" verbo —aquella acción que otros ven como la mejor de todas tus fortalezas.

Tercer paso: Triangula los comentarios recibidos y busca en ellos las similitudes, los puntos en común y los patrones que veas. Compara la retroalimentación que recibiste con tus propias respuestas a estas preguntas. ¿Hay algo allí que, según tus entrañas, no solo en tu cabeza, te suene verdadero? ¿Te suena familiar algo de lo que te dijeron? ¿Lo habías escuchado antes? Cuando eras más joven, ¿la gente solía decir de ti: "Es un líder natural" o "Cuánto talento tiene para el arte" o "Es como una computadora humana haciendo matemáticas en su cabeza"?

Este ejercicio te ayudará a identificar tus talentos y también las brechas existentes en algunas habilidades que necesitarás mejorar mediante la contribución de tus compañeros de equipo. Además, te permitirá encontrar personas que sean mejores que tú en aquella área específica en la que sabes que eres bueno. Pero no dejes que esa realidad te desanime, pues las capacidades de los demás solo le darán más profundidad y estabilidad a tu equipo. En este punto, uno tiende a decirse a sí mismo: *"Yo no necesito hacer este ejercicio, ya que mi equipo se lleva muy bien"*. Eso fue lo que yo pensé hasta que mi equipo comenzó a no llevarse bien. El mejor momento para hacer este ejercicio es cuando las cosas van bien. No dejes que el buen ambiente de trabajo te adormezca, ni caigas en brazos de la complacencia. Evalúa siempre si tienes las habilidades adecuadas y las personas adecuadas en los trabajos adecuados. Irónicamente, yo no hice este ejercicio hasta que me hallé a mí mismo cuestionando mis habilidades a medida que mi empresa se tambaleaba. Fue entonces cuando comencé a preguntarme, *¿en realidad soy tan bueno como creo que soy?* Mis dudas me llevaron a preguntarles a otras personas en las que confiaba. Y cuando pregunté entre los miembros de mi "comunidad", los comentarios fueron algo así como: "Tu motivación me inspiró a salir al otro lado", "Gracias a tu motivación logré mi propósito". Todas las respuestas que recibía hacían referencia a la manera en que inspiro a los demás. Sin embargo, se suponía que mi papel debía ser el de liderar la innovación. O sea que algo estaba mal. Al principio, me negaba a aceptarlo, pero a medida que la empresa continuaba en una espiral descendente, me autoeliminé como "innovador en jefe" y contraté a un experto cuyos superpoderes eran realmente innovadores. Me alegro de haberlo hecho. En cuestión de meses, nuestra línea de productos se expandió y las ventas crecieron. ¡Lo único que lamenté fue no haber hecho eso antes!

Este ejercicio te da un efecto espejo en cuanto a tus verdaderas fortalezas y debilidades, y debido a que estás recibiendo comentarios de quienes te ven en acción, la imagen que obtienes es más fiel a como tú eres en la vida real que la que podrías tener selectivamente acerca de ti mismo. Sí, debes confiar en que los demás te digan lo que ellos están viendo acerca de ti. Con el tiempo, verás su honestidad como un regalo, porque esa "reflexión" puede mejorar en gran manera tus posibilidades de éxito.

Los siete rasgos de los imparables

Antes de ingresar a la universidad, la mayoría de los deportistas universitarios ha practicado su deporte durante, por lo menos, cuatro años. Muchos empezaron a jugar desde antes de la secundaria. Esto es cierto sobre todo si haces parte de un equipo deportivo universitario de la División 1 (D1). Los campeonatos nacionales D1 cuentan con los mejores equipos en el país y muchos atletas universitarios continúan hasta convertirse en deportistas olímpicos y/o profesionales. Sin embargo, ese no es el caso si te inscribes en la Academia Naval de EE. UU. y te unes el equipo de remo.

En el mundo híper competitivo de los deportes universitarios D1, la mayoría de los entrenadores pasa cientos de horas seleccionando a los mejores deportistas para que sean ellos quienes hagan parte de sus equipos. Sin embargo, con el equipo de la Academia Naval no ocurre lo mismo. Claro, hay algunos que son magníficos deportistas, pero los marines están allí, ante todo, para convertirse en oficiales navales, no para practicar deportes universitarios. La Academia Naval, al igual que las demás academias de servicio, no es una experiencia universitaria común y corriente. Para empezar, es un entorno militar reglamentado donde la mayoría de los estudios académicos están muy concentrados en temas relacionados con ingeniería. Luego, está el compromiso de seis años de servicio en las Fuerzas Armadas después de graduarse. Esa no es una experiencia para todos. Por tanto, los hombres y mujeres jóvenes que se postulan tienen que querer ir a una de estas instituciones.

Cuando fui admitido en la Academia Naval, yo era uno de los pocos reclutas que tenía experiencia en remo. Ya había pertenecido al equipo de remo durante cuatro años en la escuela secundaria y había ganado casi todos los eventos en nuestra división de New England. Todo parece indicar que era bastante bueno remando. Incluso llegué una semana tarde a Plebe Summer, en la Academia Naval, porque mi equipo de remo de secundaria había sido invitado a competir a nivel internacional. (Por cierto, no recomiendo presentarse una semana tarde en ninguna academia de servicio. Estaba tan atrasado en el entrenamiento que pasé todo el verano tratando de ponerme al día ¡y nunca lo logré!). Así que imagina mi sorpresa cuando llegué al cobertizo de la academia para encontrarme con mis nuevos compañeros de equipo. Solo tres de ellos habían remado antes.

La mayoría de los equipos de remo universitarios comienza su temporada con deportistas que ya saben remar. No es así en la marina. Antes de que comience la temporada, lo mejor que obtienes allí es, por mucho, medio bote de deportistas con experiencia previa en remo. Sin embargo, todos los años, la marina alista más de cinco embarcaciones con equipos de ocho miembros (es decir, 40 remeros y cinco timoneles) para que la representen. Recuerdo haber pensado: *"Princeton nos aplastará en nuestra primera carrera de la temporada"*. Ellos eran nuestros oponentes en la primera competencia de la temporada y aún faltaban nueve meses. Yo conocía a los remeros de Princeton y sabía lo buenos que eran. Así que estaba tan enfocado en nuestra falta colectiva de experiencia en el deporte del remo que terminé no creyendo que seríamos competitivos durante la temporada. En la universidad, estaba muy emocionado de remar y competir a los más altos niveles, pero aquí estábamos tratando de enseñarle a la gente lo básico y yo sentía que ya deberíamos estar preparando nuestras embarcaciones para competir. Era fácil pensar que nuestras posibilidades de triunfo estaban cerca de cero cuando vi durante todo el verano a mis futuros compañeros de equipo "atrapar cangrejos" (meter el remo en el agua y, a veces, resultar saliéndose del bote como resultado del movimiento) e incluso fallar uno o dos golpes (moviendo el remo en el aire en lugar de meterlo y moverlo entre el agua para avanzar). Al comienzo del verano, el entrenador ni siquiera me dejaba remar. En su acento inglés, me advirtió: "Allden, no hay necesidad de que remes todavía. Lo único que lograrás será angustiarte". Por lo tanto, los primeros dos meses de mi carrera universitaria como remero los pasé montado en el bote del entrenador viendo a mis compañeros aprender a remar.

Imagina lo que significa ser el entrenador de un equipo D1 en el que el 90% de tus nuevos deportistas debe aprender a practicar el deporte antes de siquiera pensar en competir. ¿Es esa una estrategia ganadora para competir contra los mejores equipos del país? Yo no lo hubiera pensado y, ciertamente, tampoco lo creía hasta que empezamos a participar —y a ganar—. Antes de contarte cómo durante el entrenamiento logra la Academia Naval este milagro, permíteme darte algunas otras limitaciones que los entrenadores de toda academia de servicio enfrentan. Primero, no hay años de camiseta roja —todos los deportistas deben graduarse en cuatro años—. En segundo lugar, hay unos estándares de altura y peso. El remo favorece a las personas altas, porque su altura conduce a mayor longitud de avance dentro del agua, lo que significa más distancia a mayor velocidad, pero la academia no puede reclutar a los chicos más altos, debido a sus restricciones de altura y peso en sus

barcos y aviones. Luego, está el requisito de ser ciudadano estadounidense; hoy, muchos de los mejores programas universitarios de remo re-
clutan atletas de fuera del país. Algunos de estos deportistas extranjeros
ya han remado en equipos nacionales y también han participado en los
Juegos Olímpicos. Pero ese no es el caso con los equipo de la academia:
allí, todos deben ser ciudadanos estadounidenses.

Entonces, a pesar de estos y otros obstáculos, ¿cuál es el secreto de
la destreza de los remeros de la marina? La magia proviene del único aspecto que conecta a todos los estudiantes de la Academia Naval:
nuestro enfoque en el servicio. Tenemos solo cuatro años para dar todo
de nosotros antes de servirle a nuestro país. Tenemos una perspectiva
diferente a la de otros universitarios. No podemos tomarnos un semes-
tre libre o un año sabático para dedicarnos a obtener una ventaja competitiva. Nuestra única ventaja es nuestro vínculo común para servir.
Nunca seremos los más experimentados, ni el equipo más destacado de
la competencia, pero siempre seremos el equipo compuesto por los tipos
con los corazones más grandes.

En cuestión de meses, había sido testigo de cómo mis futuros compañeros de equipo progresaban, pasando de remar en una enorme bar-
caza de entrenamiento, con entrenadores subiendo y bajando en medio
de este flotante bote de techo plano, corrigiendo pacientemente a cada
remero, todo esto hasta remar conmigo en una embarcación con fla-
mantes remos de fibra de carbón de 24 pulgadas por 66 pies. Cuando
empezó el verano, yo solía batir sus tiempos fácilmente cada vez que
practicábamos en la máquina de remo estacionaria llamada ergómetro,
la cual mide la potencia de tracción, pues sabía cómo ser más eficiente
en ello. Sin embargo, en cuestión de seis meses, muchos de mis compañeros de equipo me estaban superando. Su voluntad de darlo todo
—para ir con todo— era notable y eso cambió mi perspectiva por completo. No solo éramos capaces de ganar algunas carreras, sino que además, yo estaba aprendiendo de primera mano lo que se necesita para
construir un equipo imparable. Todos llegamos al cobertizo de la marina siendo procedentes de diferentes orígenes, pero todos salimos unidos
con un solo propósito. Tan diferentes como éramos, todos compartíamos la voluntad de servir. Además, nuestra diversidad de antecedentes

y habilidades nos hizo más fuertes juntos. Compañeros de equipo que no habían remado antes adoptaron diferentes enfoques para aprender el deporte. Los chicos musculosos que venían del campo aplicaron la misma ética de trabajo con la que habían crecido hasta ahora. Su filosofía era simple: trabajar más duro que la competencia. Los exjugadores de fútbol y baloncesto adaptaron sus técnicas de entrenamiento al deporte del remo. Los deportistas con experiencia en ingeniería tendían a tomar un enfoque más analítico al desglosar la mecánica del golpe del remo para obtener una aplicación de fuerza óptima. Y luego estaban mis amigos de Texas a quienes les encantaba recordarnos a todos nosotros en su acento texano: "No es el tamaño del perro lo que importa en la lucha ¡sino el tamaño de las ganas de luchar que haya en el perro!". El bueno de Will Randall, desde el punto de vista técnico, podría haber remado en la categoría de pesos ligeros (menos de 165 libras), pero él eligió competir con nosotros en el escuadrón de peso pesado. Su actitud se convirtió en nuestra actitud cada vez que nos enfrentábamos a una temporada como el equipo de la Academia Naval. (Con el tiempo, me uní a Will en el SEAL Team. Él sirvió a nuestro país durante más de 20 años y hoy vive en Texas con su familia).

Al final de mi primer año, nuestro barco se había ganado una medalla de bronce en el Campeonato del Este y lideró con una ventaja de más de una embarcación de distancia y 40 golpes durante el Eastern Championship, hasta que un mal funcionamiento del equipamiento (un asiento roto) nos obligó a remar hacia la línea de meta con apenas seis remeros. Y aunque no ganamos los nacionales, ahí estaba una tripulación que incluía cinco remeros que habían comenzado a remar hacía solo 11 meses y aun así terminó en el cuarto lugar en el National Championship, entre 20 equipos colegiados de nivel D1. Durante esa temporada, obtuvimos un récord asombroso y nuestro éxito continuó a lo largo de mi carrera de remo en la marina. Supuse que nuestra falta de experiencia sería nuestro eslabón más débil. Sin embargo, aprendí que la inexperiencia se puede superar mediante una acción de equipo implacable y comprometida.

Debido a la diversidad de nuestros orígenes, de nuestras experiencias y de nuestros diversos enfoques de formación, todos y cada uno aportamos diferentes superpoderes y niveles de esfuerzo, pero nuestros corazones estaban unidos. Irónicamente, yo era el que más pensamientos negativos tenía rondando en mi cabeza al comienzo de la temporada. Estaba pensando: "*¿Cómo podemos ganar contra un equipo que tiene todos esos remeros tan bien preparados?*". Mi mente estaba enfocada en un elemento superficial de un equipo, su pedigrí. Sin embargo, mis compañeros de equipo se volvieron hacia mí y dijeron: "Millsy, esos tipos no parecen tan invencibles. Va a ser divertido vencerlos". Mi propia historia como remero —mi ego— era mi mayor obstáculo para creer que podríamos ganar. Todo cambió después de nuestra primera competencia, pues vine a comprender por qué la diversidad es tan importante para los equipos, siempre que estos compartan un propósito. Aquella primera vez, vencimos a Princeton en la carrera.

Después de graduarme, cuando me convertí en el líder de mi clase de entrenamiento BUD/S, encontré aún más diversidad que en la Academia Naval. Conocí compañeros de clase de Estados sin salida al mar, como Oklahoma, y vi cómo observaban con ojos desorbitados las olas de seis y más pies de altura. Algunos nunca habían visto olas así de altas, pero seguían adelante, ayudándose con algún comentario propio de los que hacían en el campo como: "Maldita sea, esa ola es más alta que John Deere". Luego, bajaban la cabeza y remaban con todas sus fuerzas. Su voluntad de seguir me inspiraba de la misma manera que mis compañeros de primer año en la marina me inspiraron a trabajar más fuerte. El hecho de ver a mis compañeros de clase BUD/S superar sus propios miedos me hizo profundizar más y querer hacer lo mismo. Ahora, además de impulsarnos con los remos, estábamos impulsándonos unos a otros para pasar pruebas físicas como las de las carreras de cuatro millas cronometradas, pistas de obstáculos y dos millas de nadado en el océano. Una vez más, aquí estábamos, un grupo diverso de personas que teníamos diferentes enfoques con respecto a los problemas, pero todos teníamos un compromiso en común con respecto a los resultados. Nuestra primera regla era ¡sigue siempre hacia adelante!

Abraham Lincoln les dio un ejemplo a los líderes al cultivar la diversidad entre sus asesores cuando llegó el momento de enfrentarse a la inminente Guerra Civil. Imagina por un momento que has trabajado incansablemente durante toda tu vida adulta para ganarte la oportunidad de liderar, pero justo cuando asumes tu posición de liderazgo, se va la mitad de las personas a las que ibas a liderar. ¡Qué desalentador debió haber sido! ¿Qué clase de equipo habrías conformado para que te ayudara a liderar durante ese momento sin precedentes en la Historia de los Estados Unidos? Lo más probable es que tus instintos te habrían llevado a rodéate solo de tus aliados, de gente con ideas afines a las tuyas.

Era fácil racionalizar el hecho de querer formar tu gabinete presidencial integrando amigos de los cuales estabas seguro que te darían su respaldo político. Y a medida que ensamblabas tu equipo, podrías argumentar fácilmente que la confianza supera a la experiencia. Sin embargo, al rodearte de un ambiente de familiaridad, sin darte cuenta, estarías cegándote a contar con otros puntos de vista distintos a los de tu partido. Los momentos más desafiantes del trabajo en equipo son cuando, como le ocurrió al Presidente Lincoln, te ves obligado a liderar durante tiempos de división. Todos conocemos el resultado de la Guerra Civil, pero ¿sabes cómo construyó el decimosexto presidente su equipo con el fin de enfrentar el mayor desafío que jamás haya enfrentado cualquier presidente de los Estados Unidos? Haciendo lo que ningún otro presidente haya hecho antes, ni desde ese entonces: seleccionar a sus principales rivales para que se unieran a su gabinete, a las mismas personas que habían hecho todo lo posible para evitar que él ganara las elecciones. Lo hizo porque tenía la intención de contar con los mejores políticos, no de rodearse a sí mismo con sus seguidores más leales. Lincoln le dio un alto valor a la diversidad de pensamiento. Aunque sus rivales compartían el mismo "corazón" —apoyaban la abolición de la esclavitud—, cada uno tenía opiniones muy diferentes sobre cómo convertir esa idea en una realidad. El Presidente Lincoln adoptó el discurso de la diferencia para construir un equipo que ayudara a la nación a enfrentar sus mayores desafíos, desde mantenerla solvente durante la guerra hasta elaborar las leyes que acabaron con la esclavitud. Lincoln sabía que él solo no podría conquistar esos desafíos monumentales y estuvo dispuesto a vencer su propio ego y a soportar los egos de quienes sabían que tenían las habilidades que se necesitaban para sacar a la nación del borde de la autodestrucción. ¿Sabes cuál fue el superpoder de Lincoln? Claro, él era un hombre muy leído y tenía la inclinación a trabajar duro, pero su verdadera genialidad provino de su capacidad para construir relaciones, para formar equipos que representaran el diverso espectro de pensamientos y creencias propios del pueblo estadounidense. La historiadora Doris Kearns Goodwin, quien escribió *Team of Rivals*, le atribuye a Lincoln la poco común capacidad para forjar relaciones a través de la diferencia. Entonces, permite que el ejemplo del Presidente Lincoln sea toda una lección en cuanto a la formación de equipos. Mientras mejor seas para forjar relaciones, en especial con aquellos que no están de acuerdo contigo, más imparable te volverás como constructor de equipos y líder.

Comencé este capítulo con el enfoque puesto en que comprendas en qué eres realmente bueno para que puedas hacer tu ego a un lado con mayor facilidad y te abras a las diferentes perspectivas de los demás. Ninguna persona puede hacerlo todo. El desafío es superar nuestro pensamiento egocéntrico y aceptar de buena gana que hay otros a nuestro alrededor que tienen mejores ideas que las nuestras. El hecho de haber liderado todo tipo de equipos diferentes en los últimos 25 años, desde equipos deportivos escolares para después ser parte de los SEALs y más adelante liderar empresas y organizaciones benéficas, me permitió descubrir siete rasgos que caracterizan a los miembros de los equipos imparables. Estos son los rasgos generales requeridos —imprescindibles para generar una dinámica de equipo poderosa—, no teniendo en cuenta cuáles sean las circunstancias y desafíos del equipo.

1. **Competencia:** Tener la curiosidad de aprender nuevas habilidades y querer desarrollar la capacidad de dominio en temas nuevos.

2. **Perspectiva:** El camino recorrido, las experiencias y los desafíos que enfrentamos deben haber moldeado nuestras actitudes, creencias y comportamiento hasta hacernos compasivos y considerados con los demás.

3. **Comunicación:** La capacidad y la voluntad de expresar nuestras ideas y emociones.

4. **Manejo:** El deseo de querer hacer, de tener una fuerte ética de trabajo y hambre de triunfar.

5. **Humildad:** Inclusividad, conciencia de sí mismo y respeto hacia el otro.

6. **Flexibilidad:** Capacidad de apertura a nuevas perspectivas y la adaptabilidad para dejar ir una idea o creencia en aras de acoger e implementar una nueva y mejor.

7. **Desapego:** La voluntad de servirles a los demás y de colocar la verdad y los intereses de los demás por encima del interés propio.

La mayoría de los constructores de equipos no puede darse el lujo de elegir compañeros de equipo de un amplio grupo de solicitantes. Los líderes suelen verse forzados a situaciones en las que los miembros del equipo son heredados y no seleccionados por ellos mismos. Sin embargo, no importa —los grandes líderes aprenden a trabajar con lo que tienen y descubren cómo activar las mejores cualidades de cada persona en bien del equipo—. Los siete rasgos son las mejores cualidades, y cuanto más las demuestres en tus propias acciones, más pronto tus compañeros de equipo aprenderán a emularlas. Después de todo, la personalidad de un equipo y sus acciones son el reflejo directo de su líder.

1. Competencia

Utilizo la palabra *competencia* para definir un grupo de habilidades intelectuales. No me refiero a la inteligencia que dan lo libros, ni a las altas puntuaciones de los SATs, ni incluso a tus calificaciones en la escuela secundaria, ni en la universidad. Las habilidades de las que hablo se refieren a la voluntad, capacidad y curiosidad de una persona para aprender nuevos conceptos y aplicarlos a las circunstancias adecuadas. Los equipos imparables son máquinas de aprendizaje. Como dijo Heráclito, solo hay una constante: el cambio. Está demostrado que los compañeros de equipo deben tener las capacidades mentales que son prerrequisito para hacer las tareas requeridas. Después de todo, no contratarías a un programador de software para tocar el violín en una orquesta. Lo que deseas es seleccionar a los miembros de tu equipo tanto por la forma en que piensan como por lo que son capaces de hacer, basándote en la curiosidad que ellos manifiestan por descubrir y aprender nuevas cosas. La capacidad de aprender, comprender y aplicar nuevos conceptos y técnicas es fundamental para superar desafíos. Los equipos más expertos saben cómo aplicar lecciones aprendidas en otros entornos para resolver desafíos presentes y futuros. Algunos son más hábiles con las palabras; otros son más hábiles con imágenes y representaciones visuales; a algunas personas les gusta profundizar en los detalles; otras sintetizan patrones y saben ver el panorama general; hay a quienes les gusta resolver problemas; a otros les gusta identificar posibilidades creativas; a algunas personas les gusta pensar primero y luego hablar; otros obtienen energía de relaciones y lluvia de ideas. No hay una forma correcta de pensar o aprender o abordar los problemas. De hecho, tu equipo será más fuerte si sabe cómo aprovechar todos estos enfoques, pues la competencia de todos y cada uno de los miembros les ayudará a hacer a un lado sus egos con tal de abrazar diferentes tipos de soluciones a los problemas.

2. Perspectiva

Utilizo el término *perspectiva* porque refleja la forma en que una persona responde a la vida. La perspectiva proviene de la experiencia —de cómo una persona piensa y ha respondido a desafíos y obstáculos pasados—. ¿Fueron estos limitándola o fueron inspiradores? ¿Cómo manejó ella la dificultad? ¿Cómo se siente al enfrentarse al mismo obstáculo de nuevo? Las respuestas a estas preguntas revelarán la perspectiva de cada cual.

Otra forma de pensar en la perspectiva proviene de la sicóloga de Stanford, Carol Dweck, cuya investigación contrasta lo que ella llama una mentalidad fija versus una mentalidad de crecimiento. Aquellos con mentalidad fija tienden a creer que las habilidades físicas, los talentos y las competencias mentales y/o emocionales están escritos en piedra. Por otro lado, aquellos con una mentalidad de crecimiento tienden a creen que los talentos, las habilidades y las competencias se pueden aprender y mejorar por medio de trabajo duro, determinación y resistencia. En 2006, la profesora Dweck etiquetó estos rasgos de mentalidad, pero el hecho es que ciertas operaciones especiales de entrenamiento al interior del Ejército de los Estados Unidos han estado probando estos rasgos durante hace ya más de 50 años, —al formar equipos capaces de desarrollar tenacidad, agallas y adaptabilidad—. Desde los Boinas Verdes hasta los equipos SEAL, todas las unidades de fuerzas especiales ponen a prueba las habilidades de los candidatos para superar sus límites preconcebidos hasta llegar a alcanzar sus metas. La perspectiva de muchos sobre cómo superar las dificultades es un indicador revelador de cómo ellos se desempeñarán en un equipo cuando se enfrenten a situaciones y obstáculos aparentemente insuperables.

3. Comunicación

Cuando uso la palabra *comunicación* no me refiero a que necesites escribir como un autor de *bestsellers*, ni hablar como un gran orador. Sin embargo, sí necesitas el coraje para comunicar tus ideas y tus emociones. La forma en que las personas se comunican es fundamental en la dinámica de equipo. (En el Capítulo 3, entraré en muchos más detalles sobre esta habilidad). De la misma manera que un estéreo (o iPod) es tan bueno como los parlantes que tenga, a través de los cuales escuchas tu música predilecta, así también ocurre con la capacidad de cada uno para comunicarse. Tú puedes ser el individuo más inteligente o más creativo del planeta, pero si no eres capaz de comunicarte con honestidad, humildad y persuasión, tus contribuciones al equipo serán limitadas. Del mismo modo, si no tienes la capacidad de moldear tus emociones, también serás de uso limitado para tu equipo y a tus compañeros le resultará difícil entablar relaciones contigo. El Presidente Lincoln tenía una técnica para evitar que sus emociones sabotearan su buen nivel de comunicación; él guardaba una libreta llena de sus pensamientos y sentimientos antes de hablar, lo que le permitía manejar sus emociones sin dejar que estas interfirieran en su comunicación con los demás o la dañaran. Por supuesto, no espero que todo el mundo emplee una metodología de comunicación lincolnesca, pero sí miro muy de cerca cómo la gente se comunica conmigo, sobre todo, bajo estrés o cuando se trata de un problema o tema difícil.

4. Manejo

Las personas pueden tener todas las habilidades y talentos necesarios para ser geniales, pero si les falta manejo, entonces son peores que inútiles para el equipo; son peligrosas porque pueden infectar a otros miembros con mediocridad y negatividad. Es por eso que el entrenamiento SEAL tiene una "División X", que es donde se envían a los que renuncian. Los candidatos a SEALs que siguen luchando en el entrenamiento no pueden socializar con aquellos que han decidido renunciar. Por supuesto, en el mundo civil, no hay "División X", así que los líderes deben estar especialmente atentos a erradicar cualquier acción del equipo que afecte en forma negativa su nivel de motivación y manejo. Del mismo modo, sir Ernest Shackleton temía la falta de manejo más que cualquier otra cosa durante sus dos años de viaje cuando llegó el momento de salvar a su tripulación, después de perder su barco en medio de los témpanos de hielo de la Antártida. A los primeros signos de que alguno de sus hombres se desanimara, Shackleton le ordenaba que se reuniera con él con el fin de restaurarle su motivación para seguir adelante. Él veía la falta de motivación como un enemigo. Por eso, sus acciones demostraron el valor del conocido refrán: "Mantén cerca a tus amigos y más cerca a tus enemigos". La motivación de la gente, su voluntad de trabajar duro, su capacidad de manejo, es crucial para construir dinámicas de equipo saludables. El valor de esta cualidad nunca es exagerado. Como líder, puedes enseñar habilidades, pero una vez la motivación de tu equipo comienza a flaquear, estás en problemas.

5. Humildad

La humildad es relativamente fácil de detectar. ¿Gasta una persona todo su tiempo alardeando de lo mucho que ha logrado o habla de cómo otros le han ayudado? ¿Reconoce sus debilidades o responde con un "vaya, no se me ocurre ninguna"? Una de mis preguntas favoritas es preguntarle a la gente sobre su mayor fracaso. Cuando escuches a alguien decir: "Supongo que he tenido suerte, porque nunca he fracasado en nada" o "Yo no he fracasado, pero sí he estado con otros que fracasaron", sabrás que estás tratando con alguien sin humildad. La gente humilde escucha el doble de lo que habla; habla de "nosotros" y de "nos". Es rápida en señalar los logros de los demás y sabe ser crítica con respecto a sus propias deficiencias. Jim Collins, autor de *Good to Great*, considera la humildad como un rasgo cumbre de los mejores líderes. Y él no es el único que destaca el valor de la humildad. Patrick Lencioni, autor de *The Ideal Team Player*, afirma que la humildad es una de las tres cualidades imprescindibles para un jugador de equipo (las otras dos son coraje e inteligencia). La humildad es para un equipo lo que el lubricante es para una máquina: permite que todas las partes funcionen más suave y con menos esfuerzo. La humildad les ayuda a las personas a dejar de preocuparse sobre quién está recibiendo crédito para enfocarse en cómo lograr que el trabajo quede hecho. Es la cualidad más útil para llevar a las personas desde el egoísmo hasta la última cualidad crítica de un equipo: el desapego.

Sin duda, el manejo y la humildad no siempre van de la mano. Con demasiada frecuencia, te encuentras con personas que ejercen su capacidad de manejo a cualquier costo, al punto de sacrificar por voluntad propia su integridad personal y sus relaciones interpersonales al servicio de sus objetivos. Ellos justifican sus errores de juicio como "lo que se necesita" para salir adelante. En su búsqueda de reconocimiento, nunca pierden la oportunidad de promocionarse a costa de los demás. Cuando tienen éxito, promocionan sus habilidades superlativas como la causa de su éxito, pero cuando tropiezan, se apresuran a culpar a los demás. Esta mentalidad de "yo primero" es exactamente lo contrario a la actitud que buscas en tus compañeros. Es humildad, no arrogancia, lo que estás buscando. Las personas con humildad están enraizadas; tienen la suficiente confianza en sí mismas como para conocer sus fortalezas y debilidades y no es necesario pisar a otros para resaltar sus logros. Nada daña la dinámica del equipo más que el hecho de que uno de los miembros se lleve todo el mérito del esfuerzo realizado por todos. Por el contrario, suele ser poderoso cuando los compañeros de equipo, y especialmente el líder, reconocen las contribuciones individuales.

Después de que mi empresa fue reconocida como una de las de más rápido crecimiento del país, los periodistas me preguntaron: "¿Cómo inventaste el Perfect Pushup?" Mi respuesta fue: "Junto con otras 25 personas". En una escala mucho mayor, cuando le preguntaron al Almirante de cuatro estrellas del Navy SEAL al mando de la misión para matar a Osama bin Laden: "¿Quién le disparó al terrorista y enemigo #1 de América?", su respuesta fue simple: "América le disparó". Luego, continuó explicando cómo el pueblo estadounidense le permitió a nuestras Fuerzas Armadas reorganizarse, entrenarse de manera diferente y, en consecuencia, estar mejor preparadas cuando situaciones como estas surgieran. Me encanta su respuesta, porque es exactamente así como un líder de equipo debe estar pensando, reconociendo y congratulando a todo su equipo.

6. Flexibilidad

La sexta cualidad para cultivar miembros de equipos imparables es la flexibilidad, la capacidad para ajustar la mentalidad frente a las condiciones de cambio. Nada sale según lo planeado, así que la forma en que tu equipo acepta esos cambios en tiempo real determina las posibilidades de éxito. Hablo por experiencia. Cuando empecé mi empresa, no fui tan flexible como debería haber sido. Si yo hubiera estado prestándoles atención a los datos de ventas y concentrado escuchando lo que me decían los clientes, habría cambiado mucho antes el rumbo de evolución de mi producto. Tuve el impulso de triunfar, pero mi falta de humildad y flexibilidad me fueron hundiendo hasta que me vi obligado a cambiar las cosas cuatro años después. Había recaudado $1.5 millones para lanzar mi producto y terminé gastando $1.475 millones en la que resultó ser la forma incorrecta de iniciarlo, todo porque no supe ver que la flexibilidad es una fortaleza, no una debilidad. Solamente después de enfrentarme a la bancarrota personal cambié de rumbo y lancé un producto diferente (Perfect Pushup). Cuando la gente se estanca en sus caminos, se vuelve ciega a otras oportunidades. Esto indica que la capacidad de flexibilidad mantiene abiertos los ojos del líder y del equipo para detectar cambios en el horizonte y hace de la cualidad de la adaptabilidad uno de los superpoderes del equipo.

Una de las pocas cosas que podemos controlar es nuestra actitud. Te sorprendería cómo las actitudes, desde la capacidad de manejo y la humildad hasta la flexibilidad, tienden a variar incluso en los niveles más altos de rendimiento. Mis mayores desafíos de liderazgo en el SEAL Team siempre surgieron de la actitud. Tener una actitud descuidada al momento de cablear explosivos o aplicar un enfoque imprudente para patrullar en un entorno urbano pone a más de una persona en el riesgo innecesario de recibir daños mayores.

Hay otras actitudes con las que también tuve que lidiar, como la complacencia ("Somos lo suficientemente buenos") o incluso la pereza ("No necesitamos entrenar más duro"). Estas son actitudes negativas que bloquean el potencial propio y, por consiguiente, el potencial del equipo.

7. Desapego

Ya sea que estemos sirviendo en el ejército, en una empresa o en una organización sin fines de lucro, todos tenemos la opción de elegir dónde trabajar y cuánto queremos aportar. Aquí es donde el desinterés entra en juego: cuando se trata de comprender cuánto está dispuesta la gente a entregarse al equipo. En el SEAL Team, el altruismo es la regla —"Yo te cubro, pase lo que pase"—. Los SEALs salen a trabajar sabiendo que es posible que tengan que hacer el máximo sacrificio —dar su vida— para cumplir una misión. Ese es un compromiso extremo y, ciertamente, no a todos les toca hacerlo, pero la misma mentalidad existe en la vida civil, aunque de una forma menos dramática. ¿De quién crees que los miembros de tu equipo aprenderán a estar abiertos a otras perspectivas, a otras ideas, a otros puntos de vista? Por supuesto, de ti, el líder del equipo. Cómo tú les sirvas a tus compañeros de equipo será el mejor predictor de cómo ellos se servirán unos a otros. Tú eres quien da el ejemplo; eres tú quien decides dar los primeros pasos de acción desinteresada aun desde antes que los demás te sigan en tu liderazgo.

Por naturaleza, algunas personas están más dispuestas a dar que otras incluso desde antes de recibir nada a cambio. Los padres viven en especial sintonía con esta premisa. Las mujeres superan a los hombres cuatro a uno en la producción de oxitocina, la hormona que induce al parto y la lactancia y promueve sentimientos de empatía en ambos sexos. Independientemente de los antecedentes, cuidar a los demás despierta nuestras emociones más poderosas; estamos programados desde el punto de vista genético para responder a un comportamiento de cuidado hacia el otro. Quizá, los equipos que te son asignados no demuestran una proclividad natural o pasión por el servicio a los demás, pero tus acciones que manifiestan tu deseo de servirles —tus demostraciones de interés por su crecimiento y bienestar (ver Capítulo 3) — catalizarán la transformación de unos individuos que trabajan de manera aislada en un equipo imparable.

El altruismo no se trata solo de servirles a los demás, sino que también se trata de servirle a la verdad. Sé que suena extraño esto de "servirle a la verdad", pero es justo lo que se requiere de ti, pues servirles a los demás y servirle la verdad van de la mano. Uno no puede ser digno de confianza si no sirve con honestidad en todo momento. Hoy en día, el *honor* parece ser una palabra anticuada, pero es más importante que nunca. La tecnología cambiará, los patrones climáticos cambiarán, el ambiente político cambiará, pero tu compromiso desinteresado de actuar de forma honorable y con integridad nunca deberá cambiar. Esa es la piedra angular sobre la que se construyen todas las relaciones. Mantener el honor, la humildad y la integridad es fundamental en los equipos imparables.

Las personas no son unidimensionales. Todos tenemos aptitudes y actitudes, y lo que hacemos con ellas nos define. Ninguna persona puede hacerlo todo. Cada uno de nosotros tiene un don —un superpoder— que, cuando lo practicamos y lo perfeccionamos, se convierte en un componente importante del equipo al que servimos. El mayor obstáculo para el éxito personal y del equipo es el ego, que tiende a adormecernos haciéndonos pensar que somos mejores de lo que en verdad somos y nos impide aceptar mejores ideas y hasta llegamos a rechazar a esas mismas personas que podrían ayudarnos a tener éxito. Al construir un equipo, el primer fundamento de un líder de equipo en el campo de los negocios es comprender sus fortalezas y debilidades. Cuanto mejor se conozca a sí mismo, más fácil le será rodearse de personas que posean complementariedad, fortalezas y perspectivas.

Recuerda que solo podemos controlar tres cosas: nuestras capacidades mentales, emocionales y físicas. Aquello en lo que nos enfocamos impulsa cómo nos comportamos, lo que a su vez determina lo que hacemos. Este proceso para controlar la acción individual es el mismo que rige el comportamiento de un equipo. Tu trabajo como líder y constructor de equipos es desarrollar equipos que encarnen estos siete rasgos, dirigir su enfoque y dar ejemplo de los comportamientos que impulsarán las acciones necesarias para tener éxito. Así que, la manera en que la gente implemente este enfoque y los comportamientos que tú priorices tendrá un impacto directo en las acciones que ellos tomen. A medida que avances a partir de un equipo de un miembro (liderando tu plataforma de acción) a un equipo de muchos miembros, tu mayor desafío será *conectarte* con ellos y el primer paso para lograrlo es activando el marco de acción CARE.

CAPÍTULO 3

HACIENDO CONEXIONES

Papá convirtió nuestra camioneta Buick color beige en una improvisada ambulancia con almohadas y la manta del sofacama que había sido mi cama durante las últimas dos semanas. Era la segunda vez que me diagnosticaban neumonía, pero ahora era diferente. Cada vez que me volvía hacia un lado, veía destellos de luces blancas que provocaban punzadas de dolor en mi espalda. Era tarde en la noche, así que papá me llevó al hospital mientras mamá se quedó en casa con mi hermano menor. Cuando llegué, los médicos temían que tuviera meningitis espinal y se apresuraron a llevarme a un área solitaria para practicarme una punción lumbar. Hasta ese momento, a la edad de 12 años, las dos experiencias más incómodas en mi vida habían sido cuando me caí de mi bicicleta (me cogieron 11 puntos en la frente) y cuando me lastimé mi muslo derecho con un remo a medida que caía de un muelle a un bote de remos durante una marea baja. Por lo tanto, el hecho de que me extrajeran líquido cefalorraquídeo entre mis vértebras era mucho peor que todo eso.

Una punción lumbar requiere una mano firme por parte del médico que inserta la aguja y una posición fetal muy quieta por parte del paciente. Es un procedimiento delicado de graves consecuencias para el paciente si el médico daña alguno de los nervios de la médula espinal. Yo no entendía bien por qué había tantas personas reunidas en la habitación hasta que la aguja entró en mi espalda. Dos enfermeras, cada una con una vasija para orinar desde la cama, tomaron sus posiciones, una cerca de mi cabeza y la otra cerca de mi trasero. Mi padre sostuvo mi cabeza mientras otra enfermera inmovilizó mis caderas a la cama. Fue bueno que todos estuvieran allí, porque los necesité a todos. Nunca pensé que uno pudiera vomitar y defecar al mismo tiempo (una experiencia mortalmente embarazosa para mí, ya que estaba entrando en la pubertad y las dos personas que empuñaban los orinales de cama eran nada más y nada menos que mujeres).

Por fortuna, las pruebas demostraron que yo no tenía problemas en mi columna, pero el susto llevó a mis padres a buscar un especialista pulmonar. El neumólogo estaba en Worcester, la ciudad más grande cerca de nuestra pequeña ciudad de Southbridge, Massachusetts. Su consultorio era más que nada un laboratorio de exámenes. Me hizo realizar una serie de pruebas, como soplar en una máquina para medir cuánto tiempo podría mantener una bola de ping pong a flote entre un par de líneas marcadas en un tubo. Cada ejercicio de respiración recibía un valor numérico y era trazado en una gráfica. Después de casi media hora de varias pruebas, el doctor levantó una mano y dijo: "Ya es suficiente. Entiendo la cuestión".

Acto seguido, nos acompañó a mi madre y a mí a una mesa en el medio de su laboratorio, sostuvo la gráfica que había trazado con mis resultados, se volvió hacia mi madre y dijo: "Sra. Mills, es obvio lo que le pasa a su hijo. Observe esta gráfica"—señaló una serie de puntos—. "Este es la capacidad pulmonar aproximada de su hijo y esta es la capacidad pulmonar normal de un niño de su edad". Hizo una pausa por un momento y luego agregó: "Su hijo tiene unos pulmones de menor tamaño que el promedio para su edad y sufre de asma". De nuevo, hizo una pausa antes de ofrecer su recomendación: "Yo podría recetarle medicamentos, pero mejor le sugiero que lleve un estilo de vida menos activo y que aprenda a jugar ajedrez".

Escuché la palabra *ajedrez* y mi barbilla cayó a mi pecho. Mamá sintió mi decepción, me tocó el hombro y me pidió que fuera a la sala de espera mientras ella hablaba con el neumólogo. Para cuando ella llegó al área de recepción, las lágrimas corrían por mi rostro. Mamá me miró por un momento y luego me preguntó: "Alden, ¿qué te pasa? ¿Por qué estás llorando?".

La miré y exclamé: "¡Mamá! ¿Ajedrez? ¡Yo no soy nada bueno jugando *damas*!"

Ella se arrodilló frente a mí, me agarró del antebrazo izquierdo con su mano derecha y me clavó sus largas uñas en mi brazo. "Escúchame bien. *Nadie*, y me refiero a nadie" —sus uñas se clavaron más hondo en mi piel— "decide lo que tú puedes o no puedes hacer. Eso depende de ti. Te tomarás la medicina, pero tú decides lo que puedes hacer. ¿Me estás escuchando?".

Al principio, fue difícil no concentrarme en lo que el médico me había dicho. Cada vez que me faltaba el aliento, pensaba: "*Será mejor reducir la velocidad o ya es hora de usar el inhalador. El asma me está pateando*". Fue fácil sentir lástima por mí mismo y sacar excusas para explicar por qué no corría tan rápido como los demás, y era aún más fácil justificar por qué no debía esforzarme. Mi cerebro era genial para reproducir la escena de cuando el médico dijo: "Su hijo tiene unos pulmones de menor tamaño que el promedio para su edad y tiene asma… le sugiero que lleve un estilo de vida menos activo y que aprenda a jugar ajedrez". Sin embargo, con el tiempo, esa película se fue remplazando por otras escenas muy puntuadas por las palabras de mi madre: "Tú decides lo que puedes o no puedes hacer". La primera prueba de esa declaración vino cuando aprobé y fui admitido en el club de remo de la escuela secundaria.

Todavía recuerdo la primera vez que vi una práctica del deporte del remo. Yo era pasajero en esa misma camioneta que había sido mi ambulancia improvisada un par de años atrás. Dimos la vuelta a una curva de la carretera que bordeaba el río Housatonic. Entonces, vi tres elegantes lanchas de remos de fibra de vidrio blanco que brillaban en el agua. Estaba hipnotizado por la perfección de los ocho remos golpeando el agua al mismo tiempo; me parecía como si fuera un ciempiés gigante deslizándose sobre el agua. De inmediato, sentí una conexión indescriptible con aquel deporte. Para empezar, ¡me encantó la idea de estar sentado versus tener que correr! Esto sin mencionar un deporte que involucraba barcos con el único propósito de deslizarse lo más rápido posible en el agua. Para mí, esa posibilidad representó un trabajo en equipo perfecto —no mejores goleadores, no jugadores destacados, solo ocho deportistas tirando de sus remos en total sincronía—. El hecho es que mi deseo de ser bueno en este deporte anuló la voz que había estado escuchando en mi cabeza después del diagnóstico del neumólogo. Más bien, comencé a prestarles atención a las palabras de aliento que mis padres habían estado dándome durante los últimos dos años: *depende de ti*. Un éxito llevó a otro y a otro y cada vez más fui construyendo la confianza suficiente para intentar hacer mayor actividad física. El remo me llevó a la Academia Naval, luego al equipo SEAL y, en determinado momento, a comenzar mi primer negocio. (Iniciar un negocio puede que no parezca físicamente exigente, pero créeme: el estrés es estrés y eso hace que el trabajo sea también un esfuerzo físico).

Me estremezco al pensar en cómo sería mi vida hoy si no hubiera escuchado a mis padres y me hubiera dedicado a seguir las sugerencias de ese doctor. No le tengo mala voluntad; él solo estaba tratando de mantenerme a salvo reduciendo mi exposición a las enfermedades. Y en parte, tenía razón, porque me enfermé una y otra y otra vez, y a veces, en los peores momentos. Hice parte del equipo en la escuela secundaria, pero luego me sacaron porque contraje neumonía. Después, tuve más afecciones pulmonares en la Academia Naval y perdí muchos días de práctica de remo. Mis compañeros de la marina les aplicaban su sentido del humor a mis ausencias pegando un malvavisco a mi asiento y remando el barco sin mí; hubo muchas veces en que eran solo siete en lugar de ocho remeros durante la práctica; también le decían al entrenador (frente a mí) que ¡el malvavisco remaba más rápido que yo! La peor infección pulmonar que tuve ocurrió durante el entrenamiento SEAL y me obligó a atrasarme una clase y a repetir semanas de la segunda fase de formación. Ninguna de esas experiencias fue particularmente agradable, pero para entonces, cada enfermedad me era familiar; ninguna me impidió lograr mi objetivo. Mis padres —mediante su enfoque de comunicación directa, con su constancia, amor, apoyo y compromiso hacia mi bienestar y mi crecimiento personal— me dieron todo el apoyo y aliento que yo necesitaba para seguir adelante y afirmarme cada vez más en mi decisión.

La razón por la que te comparto esta historia es porque esta demuestra el poder de la conexión y, en última instancia, el poder de la confianza. Y sí, del amor. No importa en qué industria trabajes o qué cargo ocupes, tu éxito depende de tu capacidad para construir relaciones humanas. El eje central de toda relación es construir empatía —la habilidad para colocarte en el lugar de tus colegas, para comprender sus puntos de vista y, lo que es más importante aún, sus sentimientos—. Construir conexiones con los demás requiere de empatía y esta implica que demuestres vulnerabilidad y actúes con transparencia.

Si lo que estoy describiendo se te parece mucho al papel que los padres juegan en la vida de los hijos, no estás equivocado. Mi madre también sufría de asma y, a menudo, ella compartía su experiencias conmigo sobre cómo había aprendido a manejarla. Yo seguí probando cosas nuevas, porque confiaba en ella más que en nadie, incluyendo a un médico experto en trastornos neumológicos. Ese es el mismo tipo de confianza que encontrarás en los equipos imparables. Es la clase de conexión que necesitarás para construir con tu equipo un camino hacia la grandeza. Todos tenemos dudas sobre nuestras capacidades, pero cuando alguien en quien confiamos nos anima a perseverar a pesar de nuestros miedos y reservas, somos capaces de lograr más de lo que pensamos que era posible.

Quizá, parezca poco realista esperar que los grandes equipos empleen las mismas tácticas que mi mamá usó para sacarme adelante, pero lo cierto es que funcionan. Este nivel de atención es el que hace que unos equipos sean imparables y otros mediocres. Por desgracia, algunos no han tenido el beneficio de vivir experiencias positivas con sus padres. A lo mejor, desarrollaron mecanismos de defensa para compensar el amor, la seguridad y el apoyo que no les brindaron en casa. Inseguridades de todo tipo abundan debido a toda clase de malas experiencias. Por esa razón, uno de tus principales trabajos como constructor y líder de equipo es aprender a conectarte utilizando las tres formas de conexión humana —física, mental y emocional— y así romper las defensas de las personas, esas barreras que muchos han erigido para protegerse de salir heridos otra vez. Tan "sensiblero" como pueda parecer, los equipos de óptimo rendimiento se construyen sobre la base del interés genuino hacia los demás —la misma base sobre la cual se fundamentan las familias sanas y felices—. Como el Presidente Abraham Lincoln dijo: "Para ganar a un hombre a favor de tu causa, primero debes llegar a su corazón, el gran camino a su razón". De eso exactamente se trata este capítulo: de conquistar a la gente conectándote con sus corazones.

En las páginas que siguen, te presentaré técnicas que te servirán para ayudarte a construir confianza con diferentes tipos de personas. Pero antes de continuar, quiero que entiendas por qué es tan importante conectarte con la gente. Y recuerda, cuando utilizo el término *conectar*, no me refiero a enviar un correo electrónico. Estoy hablando de construir relaciones entre seres humanos, de involucrarte con las personas en los niveles más profundos, tanto a nivel mental como emocional. Si todavía eres escéptico sobre el valor de este tipo de conexión profunda, analiza este preocupante hallazgo de una encuesta de Gallup titulada "El nivel de compromiso de los empleados de EE. UU.": casi dos tercios de la fuerza laboral de EE. UU. no están comprometidos en el trabajo.

Pero eso no es todo. Gallup informa que el 16% de los empleados está activamente desconectado en el trabajo y que solo el 21% informa que se siente 100% comprometido. Por otro lado, casi el 60% de los empleados dirigidos por líderes comprometidos informa estar comprometido y motivado en el trabajo[1]. Este informe presenta un sombrío panorama del liderazgo empresarial estadounidense. Muestra la necesidad de hacer un mayor énfasis en los aspectos "suaves" del liderazgo a los cuales me refiero en el marco de acción CARE. Según los hallazgos de Gallup, solo 4 de cada 10 personas se sienten acogidas en su lugar de trabajo. Sin duda, esa carencia afecta la actitud y el desempeño de los trabajadores, por no hablar de su salud física. Están "presentes" en el trabajo, pero no están comprometidos y son cualquier otra cosa menos imparables.

¿Dónde comienza tu compromiso? ¿Crees que comienza cuando estás revisando el trabajo de alguien? ¿O tal vez cuando le das a tu equipo una fecha límite o los detalles de una tarea a realizar? No, el compromiso no es una cuestión de comenzar y parar un proceso, ni una lista de verificación de una meta cumplida. Este requiere de atención constante y comienza y termina (y comienza de nuevo, una y otra vez) con el conocimiento de cada uno de tus compañeros de equipo como individuos.

Durante 16 años, Johnson & Johnson ha sido reconocida como una de las empresas más admiradas de los Estados Unidos en medio de una cantidad de empresas seleccionadas por la revista *Fortune*. Cuando estaba obteniendo mi MBA, hice una pasantía en la sede de J&J durante todo un verano. Fue mi primer trabajo civil después de pertenecer al SEAL Team y estaba encantado de haber sido seleccionado para disfrutar de aquella oportunidad. Había leído *Built to Last*, de Jim Collins y Jerry Porras, y quedé impresionado por su investigación sobre cómo conectar las declaraciones de misión con el desempeño de la empresa. En el tope de su lista estaba el credo de J&J, cuatro párrafos sobre su propósito y filosofía empresarial dentro de la industria farmacéutica. Tal como señalaron los autores, las declaraciones de misión no hacen que las empresas tengan éxito de manera automática, pero sirven para impulsar el nivel de rendimiento y hacer que este sea cada vez mayor, siempre y cuando se pongan en práctica.

Recuerdo mi emoción el primer día en J&J, pensando: *"¡Voy a tener experiencia de primera mano aprendiendo de los mejores sobre el tema de las declaraciones de misión!"*. Las declaraciones de misión habían sido una gran cosa para mí en el SEAL Team. Cuando dirigí mi tercer pelotón, ejecuté un proceso para que mis compañeros de equipo crearan nuestra declaración de misión del pelotón: "Listos para el éxito de la misión en cualquier momento, en cualquier lugar". No era elegante, pero era nuestra; la habíamos construido entre todos y nos comprometimos 100% con ella. Incluso la mandamos tallar en una pequeña placa de latón y la adjuntamos al logo de nuestro pelotón. No era un libro *entero* —no, era un logo de cuatro pies, hecho en madera e iba con nosotros a todas las partes a las que el cuartel general nos enviara—. Lo ubicábamos en nuestra oficina como lo primero y lo último que veíamos al entrar y salir rumbo a un entrenamiento o una misión.

El caso es que J&J no me decepcionó. Las primeras cuatro horas de mi primer día de trabajo las pasé con otros nuevos empleados —pasantes, trabajadores a tiempo parcial y a tiempo completo— y todos estábamos recibiendo entrenamiento sobre cómo conectarnos con el credo de la empresa. Al principio, la clase no fue particularmente inspiradora. A todos y cada uno nos entregaron una hoja de papel con el credo escrito en ella y se nos pidió que lo leyéramos en voz baja.

Comenzaba: "Creemos que nuestra primera responsabilidad es con los médicos y enfermeras, con las madres y los padres y con todos los que utilizan nuestros productos y servicios". Los cuatro párrafos declaraban explícitamente que las prioridades de la empresa eran los clientes, empleados, la comunidad y los accionistas, en ese preciso orden. Es raro ver que la rentabilidad de los inversores estuviera en el último lugar en tal lista. Sin embargo, lo que dijo el instructor fue lo que en realidad me llamó la atención: "Me gustaría que todos pensaran en un momento determinado en el que alguien a quien ustedes aman usó uno o más de nuestros Productos J&J". La empresa tiene muchos productos, pero tal vez, el más conocido son las venditas. Mi mente empezó a recorrer momentos en los que las había usado, por ejemplo, cuando le arrojé una piedra en la cabeza a mi hermano y le abrí la piel de par en par. Recuerdo lo mal que me sentí momentos después, cuando mi madre le aplicó unas venditas de J&J para detenerle el sangrado. El instructor nos pidió a cada uno de nosotros que reflexionáramos sobre esos recuerdos y luego nos propuso que compartiéramos nuestra historia con el resto del grupo. Uno por uno, contamos una historia y luego hablamos sobre nuestros sentimientos. No me di cuenta en ese momento, pero este proceso nos ayudó a cada uno de nosotros, y al grupo colectivamente, a formar una conexión con el credo de la empresa y entre sí. Ese día, el credo cobró vida, porque no estábamos conectados solo a nivel intelectual; nos estábamos volviendo emocionalmente unidos y, como verás más adelante en este capítulo, nos unimos también desde el punto de vista físico, unos con otros. Las experiencias individuales diferirán, por supuesto, pero si logramos conectar nuestros recuerdos con un propósito compartido, iremos en camino de volvernos un equipo imparable.

Conectarte con otras personas es un acto para el cual requieres usar los tres componentes de tu plataforma de acción —el mental, el emocional y tus capacidades físicas— para demostrarles a los demás que tú eres digno de confianza. ¿Qué significa conectarte profundamente con los demás? Significa que debes aportar curiosidad, autenticidad y franqueza, la voluntad de escuchar, y sobre todo, coherencia en tu intención de construir conexiones. Necesitas conectarte y colaborar con los miembros de tu equipo para entenderles sus preocupaciones, miedos y limitaciones, y luego, colaborar con ellos para que logren superar sus desafíos. Cada desafío que ellos superan profundiza sus conexiones entre sí y aumenta tu confianza en ellos para enfrentarte a metas aún más difíciles.

Sin embargo, recuerda: solo porque eres el líder designado no significa que te resultará fácil ganarte el reconocimiento y la confianza de tu equipo. No por el hecho de ser el líder tienes una conexión innata y automática con ellos. Debes construirla a través de lo que yo llamo las tres Cs:

1. **Comunicación:** física, mental, emocional

2. **Credibilidad:** integridad, responsabilidad, humildad

3. **Compromiso:** fiabilidad, consistencia, enfoque

No piense en ellos como una secuencia de eventos, sino más bien como una matriz de acciones entrelazadas que poco a poco van forjando la confianza en sus relaciones interpersonales. Todos interactúan entre sí. Tu cuerpo debe coincidir con tus palabras y estas deben ser coherentes con tu intención. Todos estos factores se unen, a veces, sutilmente; a veces, abiertamente, para transmitir tu autenticidad y confiabilidad. Las tres Cs son un acuerdo entre sí; se basan y se refuerzan entre sí y no puedes tener una sin practicarlas todas.

1. Comunicación

Elegí la industria del fitness para comenzar mi primer negocio, en buena parte, porque siempre he tenido una pasión personal por ese campo de acción. El ejercicio fue (y es) un factor clave para ayudarme a superar mis achaques médicos y lograr mis metas en el campo de la educación y el profesionalismo. Cuando pienso en ejercicio, pienso en transformación; pienso en superar obstáculos y desarrollar resistencia para lograr más de lo que creo posible. La conexión que tengo con el mundo fitness es personal y poderosa. Pero ese no es el caso de la mayoría de las personas. Para muchos, las palabras *fitness* y *ejercicio* evocan imágenes de gimnasios sudorosos, fisicoculturistas y mucho trabajo duro. La mayoría no tiene una imagen positiva del concepto fitness, así que, cuando llegó el momento de contratar a los mejores talentos para construir mi equipo de trabajo, luché por encontrar personas que compartieran mi conexión y alto nivel de compromiso con una vida en forma. Me tomo varios años entender cómo hacer para adaptar mi mensaje hasta conectarlo con posibles compañeros de equipo "internos", pero también con compañeros de equipo "externos" —aquellos a quienes la mayoría de los empresarios llamaría, simplemente, clientes—. (Me ocuparé de este cambio de mentalidad en el Capítulo 7, pero basta con decir aquí que, para mí, los clientes también son compañeros de equipo). Entonces, si no puedes establecer una conexión con las personas talentosas que intentas reclutar para tu equipo, ¿cómo lograrás conectarte alguna vez con tus clientes? Seguro, podrás convencerlos para que hagan una compra, pero ese resultado no es sostenible, ni deseable a largo plazo. Tus futuros compañeros de equipo, ya sea que les llames empleados, clientes, voluntarios, marineros o soldados, necesitan sentir una conexión contigo antes de comprometer su tiempo, dinero y energía en tu causa. Recuerda que la primera forma en que te conectas con los demás es a través de la comunicación.

Pensarás que eso es apenas obvio, pero ¿sabías que el 55% de la comunicación cara a cara ocurre sin incluso murmurar una sola palabra? ¡Es correcto! Los estudios han demostrado que la mayor parte de nuestra comunicación proviene del tono y del lenguaje corporal. El 38% del mensaje es cómo lo decimos y solo 7% es lo que decimos. Antes de descartar este estudio como una investigación académica a medio hornear que no aplica al mundo real, piensa en lo que aprendes de la postura corporal de las personas. Te daré algunos ejemplos para que tu mente se ponga en marcha:

1. Encorvarse en una silla

2. Arrastrar los pies

3. Poner la barbilla pegada al pecho

4. Dejar los hombros caídos

5. Inclinarse hacia adelante

La lista continua, pero tú ya conoces estas posturas y muchas más. Cada una de ellas comunica algo negativo sobre la persona que las asume, desde "No me importa", "No me interesa", "Me siento sin energía" hasta "Estoy derrotado y no creo que sea posible alcanzar lo que quiero". La gente puede estar diciendo todo lo contrario, pero su lenguaje corporal no miente; de hecho, este comunica un mensaje más poderoso que las palabras. La mayoría de las veces, ya nos hemos formado alguna impresión de las personas incluso desde antes de que ellas abran la boca.

Ahora, agrégale a eso expresiones faciales y contacto visual. Tenemos 43 músculos de la cara aptos para manifestar 21 expresiones que representan de todo, desde tristeza hasta alegría. Luego, está el contacto visual. Mirar a la gente a los ojos —opuesto a fijar tu mirada en sus pies o por encima de su cabeza o a sus manos— comunica bastante. Aprende a utilizar todos estos elementos de la postura corporal, de la expresión facial y del contacto visual en sinergia y con intención, y descubrirás que tu capacidad para conectarte y generar confianza aumenta.

¿Alguna vez has hablado con alguien que no te mira de frente? ¿Cómo te hizo sentir eso? ¿Crees que esa persona estaba comprometida contigo o se preocupaba por ti y/o por los puntos que estabas tratando de exponer? Digamos que estás sentado en tu escritorio y alguien se acerca a pedirte ayuda. ¿Estarías dispuesto a decir que sí si esa persona se inclina hasta quedar al nivel de tus ojos (o mejor aún, por debajo del nivel de tus ojos) y hace contacto visual directo contigo? Tal acción comunica muchísimo. Pocos podríamos resistirnos a dejar de hacer lo que sea que estemos haciendo para volvernos hacia ella y escucharla con total intención de comprender cómo y en qué podemos ayudarla. Cuando entras en la oficina de alguien, ¿cuál de estos dos escenarios te hace sentir más conectado?

a. Entras, pero la persona no levanta la vista de la pantalla de su computadora, ni cambia de postura al notar tu presencia.

b. Entras y, a medida que avanzas, la persona quita sus ojos de la pantalla de la computadora para hacer contacto visual contigo, se pone de pie y viene a saludarte.

Ahora, suponiendo que ya te han dado permiso para ingresar a dicha oficina, tanto A como B son modos de comunicación sin palabras. Ambos marcan el tono de qué tipo de conexión sucederá a continuación. En el escenario A, no estás pensando en conectarte; ni siquiera crees que le importes a esa persona. Tus defensas suben, tu mente entra bien sea en actitud de lucha o huida o incluso en modo de congelamiento. El único problema en el que estás pensando en ese momento es qué tan pronto puedes irte de allí. En el escenario B, el lenguaje corporal comunica un mensaje 100% diferente. No te sientes amenazado; te relajas y tu mente permanece abierta, pensando creativamente. En síntesis, el primer ejemplo transmite cómo no conectar; en cambio, el segundo demuestra los conceptos básicos de lo que es una conexión en la cual se manifieste interés.

A todo esto, agreguemos los componentes mentales de la comunicación. ¿Estás envuelto en tus propios pensamientos y necesidades? Cuando hablas, ¿usas mucho las palabras *yo* y *mi*? ¿Dices que la gente trabaja *para ti* o *contigo*? ¿Te diriges a los demás utilizando tu autoridad, mediante frases como "Necesito que hagas x tarea en x tiempo"? ¿Pides ayuda o consejo antes de hablar sobre realizar una tarea determinada? Todos conocemos personas que usan su estatus o posición de poder como si este les concediera el derecho de mandar a la gente a su alrededor. Piensan que el liderazgo consiste en estarles diciendo a los miembros de su equipo qué hacer. No son líderes que se enfocan en generar confianza, sino que crean micro gestores que les temen y luego se preguntan por qué su división no cumple las metas propuestas, ni crea productos de talla mundial. ¡Pues déjame decirte que te tengo noticias de última hora! El tiempo, el dinero y el inventario se gestionan al igual que los procesos y proyectos. En cambio, *la gente* no se gestiona. Los miembros de tu equipo quieren ser reconocidos por quienes son; quieren ser tenidos en cuenta por sus superpoderes; quieren contribuir; quieren ser liderados, apreciados y, sí, también amados. Todos buscamos amor y oportunidades que nos permitan aprender y contribuir, y necesitamos sentir conexión, no solo con otras personas, sino también con el propósito de nuestro trabajo. Eso es lo que la investigación de Gallup llama compromiso. Eso es lo que quiero decir con conexión. No se trata de algo "agradable de tener"; se trata de una necesidad humana fundamental. Todos queremos saber que te interesas por nosotros como individuos, no como máquinas o herramientas para lograr tus metas. Como lo expresaron los autores de la encuesta de Gallup: "Los emplea-dos necesitan saber que alguien se preocupa por ellos, primero, como personas, y segundo, como empleados". En los equipos imparables, los empleados son compañeros de equipo. No le sirven a su líder; su líder les sirve a ellos y a su vez se sirven unos a otros y al propósito del equipo. Por lo tanto, cuando abras la boca, elige tus palabras sabiamente y da-les a las personas un contexto para comprender por qué ellas deberían alinearse contigo. Como líder, tú eres el primero y el mejor para darles a quienes integran tu equipo una razón para creer que lo que ellos están haciendo es importante.

Uno de los entrenadores de la Historia del Baloncesto de la NCAA más exitosos es Mike Krzyzewski, también conocido como el Entrena-dor K. Una y otra vez, sus equipos ganaron campeonatos de la NCAA y participaron en siete campeonatos de Final Four. Él es el entrenador de baloncesto universitario más ganador de todos los tiempos, superan-do hace poco a Pat Summitt, de Tennessee. El libro del Entrenador K, *Leading with the Heart*, describe su filosofía de entrenamiento y para él la comunicación auténtica está en el corazón de su enfoque: "La gente no te seguirá como líder a menos que les muestres que eres real. No te creerán a menos que confíen en ti. Y no confiarán en ti a menos que siempre les digas la verdad y admitas que te equivocaste"[2].

No importa si estás entrenando equipos de baloncesto, liderando equipos SEAL o conformando equipos corporativos, todos los equipos se basan en relaciones. El papel de un constructor de equipos es ser un constructor de relaciones, lo cual requiere de tu parte que aprendas a conectarte con la gente tanto a nivel mental como emocional.

El tercer componente de la comunicación eficaz es utilizar los sen-timientos como una herramienta poderosa para conectarte con los de-más. Por ejemplo, cuando se trata de colaboración, demasiados líderes comienzan con las buenas intenciones de pedir consejos sobre algún tema, solo para desperdiciar la ocasión siendo poco sinceros. La idea central de conectarte desde lo emocional es la curiosidad. Es decir, el hambre de aprender de los demás proviene de la curiosidad —curiosidad sobre los antecedentes y puntos de vista de los demás y también acerca de diferentes enfoques sobre cómo resolver un desafío—. En el trabajo en equipo, el adagio "la curiosidad mató al gato" no aplica; en cambio, el lema del equipo debe ser "la curiosidad conecta".

Partiendo de un punto de curiosidad (y por tanto, de vulnerabilidad), en lugar de certeza, establece el tono de cómo tú colaboras con otras personas. Si no sabes cómo colaborar y aprovechar los superpoderes de tu equipo, es casi seguro que encontrarás obstáculos. Pero si pones a funcionar las tres acciones centrales de cada colaboración exitosa —preguntar, escuchar y comprender—, sacarás fuerza y recursos de todo el mundo. Colaborar es difícil, porque requiere que reconozcas que tú —la persona en autoridad— no lo sabes, ni lo puedes todo. Al pedir colaboración, estás reconociendo que necesitas la ayuda de otros que sabes que son mejores que tú en ciertas áreas y que sus ideas son importantes y le proporcionan valor al equipo. Para comenzar con el pie derecho, haz preguntas que comiencen con esta declaración: "Necesitamos tu ayuda para resolver este problema". De ese modo, les estás comunicando a quienes te rodean que sus ideas son importantes, que te interesan y que el equipo está unido desde el punto de vista emocional en la búsqueda de soluciones e ideas innovadoras.

El segundo paso es donde muchos cometen un gran error: no saben escuchar. Todos hemos experimentado una situación en la que se nos solicita nuestra opinión, pero en realidad, esta no se valora o no se tiene en cuenta. Es fácil detectar a quienes fingen escuchar, pues no mantienen contacto visual, tienden a distraerse en otras actividades como revisar su correo electrónico o leer un informe. Su lenguaje corporal y su tono nos dicen: "No me importa tu opinión". También es probable que crucen los brazos (que tomen una posición cerrada — i.e., no escuchen activamente) y cambien el peso de su cuerpo sobre sus talones (es decir, se desconecten y no se involucren en la conversación). Pues bien, este tipo de actitud no ayuda, es falso e insolente.

Sin embargo, la escucha selectiva es otro truco que algunos utilizan en ciertas ocasiones al no centrarse en tu opinión, sino en cómo refutarla y demostrarte que estás equivocado. Si con frecuencia te encuentras interrumpiendo a otros antes de que ellos respondan a tu pregunta o estás preparando mentalmente tu respuesta antes de que tu interlocutor haya terminado de exponer su idea, entonces, estás practicando en la escucha selectiva, lo que hace que la gente se cierre y desconfíe de ti.

Escuchar activamente es escuchar con la intención de comprender al otro. Es fácil detectar a un oyente activo por su contacto visual, sus gestos y su postura corporal. Los mejores oyentes activos te brindan toda su atención; hacen preguntas de seguimiento para estar seguros de que entienden tus puntos, suelen tomar notas y brindan la franqueza necesaria para construir una buena relación. Cuando la gente está relajada —cuando se siente segura para expresarse, cuando confía en sus compañeros de equipo y en su líder— es más creativa. Es posible que los oyentes activos no estén de acuerdo contigo y no sigan tus sugerencias, pero muestran respeto hacia ti y valoran tus aportes con sinceridad.

Como verás, la forma en que escuchas y respondes determina si energizarás a tu equipo o harás que ellos se desconecten de ti. Investigaciones recientes, realizadas por los sicólogos Naomi Eisenberger y George Kohlrieser, demuestran que "sentirse conectado es intrínsecamente gratificante para el cerebro"[3]. Dicho de otra manera, las verdaderas conexiones humanas nos hacen sentirnos bien físicamente, y cuando la gente se siente bien, tiende a hacer un buen trabajo. Por el contrario, cuando las conexiones humanas se rompen por alguna situación, nuestro cerebro interpreta esta ruptura como dolor físico. El Dr. Eisenberger encontró una correlación física a la que es la noción folclórica de un corazón roto. Estamos diseñados para buscar la conexión humana y la ruptura de esas conexiones nos causa daño físico. Por tanto, construir conexiones con la gente no solo es bueno para la dinámica de equipo; también es bueno para todos a nivel mental, emocional *y* físico.

2. Credibilidad

Los líderes viven o mueren según su reputación. Tu reputación o marca personal es nada menos que una promesa que es apoyada por otras personas y por un proceso. Esto significa que la marca de promesa de una persona depende no solo de cómo ella se comunica, sino también de lo que es igualmente importante y es de si es fiable, actúa con integridad y se hace responsable de sus acciones. Cómo manejas la verdad o las situaciones difíciles, cómo te apropias de las acciones de tu equipo y qué tanto cumples o no tus compromisos, todos estos son comportamientos que determinarán tu credibilidad. Ed Catmull, cofundador y expresidente de Pixar y autor de *Creativity, Inc.*, describe así lo que es la construcción de credibilidad con los compañeros de equipo: "Necesitas mostrarle a tu gente que lo decías en serio cuando manifestaste que si bien la eficiencia es *un* objetivo, la calidad es *el* objetivo. Cada vez, me daba más cuenta que, al poner a la gente primero —no solo *diciendo* que lo hacemos, sino *demostrando* que lo hicimos a través de las acciones que llevamos a cabo—, estábamos protegiendo nuestra cultura empresarial".

Entonces, ya sea que se trate de que eres un líder experimentado o uno inexperto, deberás ganar credibilidad todos los días mediante acciones consistentes y comprometidas.

Como mencioné en el Capítulo 1, lo primero que te enseñan cuando entras en la Academia Naval de los Estados Unidos es cuál debe ser tu postura corporal. Poco después, te indican cómo responder. Los estudiantes de primer año en la academia se llaman plebeyos, y como plebe, aprenden las cinco respuestas básicas para contestarles a los estudiantes de último año. Estas son:

"Sí, señor/señora".

"No, señor/señora".

"Sí, sí, señor/señora".

"Lo averiguaré, señor/señora".

"No hay excusa, señor/señora".

Ellos aprenden estas respuestas básicas, porque desde el primer día, el liderazgo de la academia busca formar en ellos el hábito de la responsabilidad. Y como parte de su capacitación en liderazgo, los estudiantes más antiguos asumen la responsabilidad de enseñarles a los de primer año a ser responsables por sus acciones. Las primeras tres respuestas son simples en su significado. Las dos últimas son las importantes. "Lo averiguaré" tiene como objetivo eliminar la inclinación natural a embolatar a los demás en medio de alguna situación difícil. En el ejército, si no estás seguro de algo, los líderes quieren que lo admitas desde el principio; de lo contrario, alguien podría resultar herido. Por ejemplo, la vida en un submarino es exigente. Debes saber qué pasa cuando abres una válvula. La ignorancia podría tener consecuencias desastrosas, como la vez que un joven recién ingresado abrió la válvula incorrecta, enviando así 80 galones de aguas residuales y sin tratar por un conducto de ventilación que daba a nuestros dormitorios. Ese error resultó en un lapso de seis horas de emergencia que mantuvo al submarino en la superficie, poniendo en riesgo a toda la tripulación. Esto ocurrió porque el joven —siendo su primer día a bordo— se sintió asustado de admitir que no sabía con seguridad qué función tenía la válvula #41. La frase "Lo averiguaré" indica que sabes que está bien no saberlo todo, pero que aceptas la responsabilidad de averiguar aquello que no sabes. Esa actitud te genera credibilidad con tu equipo.

La respuesta final, "No hay excusa", consiste en aceptar que la pelota se detiene contigo. Si no alcanzaste el logro asignado, no es culpa de nadie más que tuya. El siguiente paso es asumir la responsabilidad de tus acciones y no culpar a otras personas. Al principio, es difícil de digerir, sobre todo, cuando un compañero de tu equipo cometió el error del cual ahora tú eres responsable. A veces, los instructores te ponen a propósito en la posición de aceptar la responsabilidad de algo que no hiciste. Por ejemplo, durante un entrenamiento, un instructor podría sacar de los dormitorios a uno de los tres compañeros de cuarto, hacer que los dos restantes preparen la habitación para la inspección en un tiempo ridículamente corto y luego descalificarlos porque no terminaron de hacer bien la tarea, ni a tiempo. En esas situaciones, tu primer instinto tiende a ser culpar al compañero de cuarto que ya no está presente, pero al forzarte a usar una de las cinco respuestas básicas, no te queda otra respuesta que: "No hay excusa, señor". Tan injusto como parezca el hecho de que tú y tu otro compañero de cuarto limpien el lado de la habitación del compañero de cuarto que no está, lo único cierto es que es la habitación es tu responsabilidad con o sin todos tus compañeros de cuarto presentes. La situación no es tan diferente de lo que sucede en una organización empresarial o en el campo de los deportes. Un compañero de embarcación puede estar de licencia, un colega de la compañía puede estar enfermo o un compañero de equipo puede estar fuera de posición. Aun así, el equipo debe estar a la altura de la situación para llenar ese vacío. Esta es la más difícil de aprender entre todas las cinco respuestas básicas, porque debes asumir responsabilidad por las acciones de otras personas. No se te permite echarles la culpa a otros. Ese es un cambio importante en la mentalidad, pues requiere que cuides de los demás y no solo de ti mismo.

Ahora, cambia el entorno de ser un principiante en la Academia Naval al de iniciar tu primera empresa. Imagina que tú eres uno de los inversores y le preguntas al director ejecutivo, el líder de la empresa: "¿Por qué todavía no se ha lanzado el producto?" O "¿Qué pasó en el primer trimestre?". Aquí, usar las cinco respuestas básicas no funcionaría, porque en medio de una circunstancia como esta se necesita más información, pero el espíritu de "Lo averiguaré" y "No hay excusa" sigue siendo un aspecto importante de la respuesta. Por ejemplo, ¿cómo haría él para explicarte que el producto aún no se haya lanzado? Si comienza señalando con el dedo a todos los demás, pero no menciona sus propios errores, entonces, pierde credibilidad. En cambio, si él comienza por hacerse cargo de las razones por las cuales no se ha lanzado el producto, generará más credibilidad contigo y con los otros inversores, siempre y cuando él no siga repitiendo los mismos errores una y otra vez, pues eso tampoco le ayudará a su credibilidad.

A veces, la credibilidad se pierde o se gana dependiendo de cómo respondes a la pregunta "¿Qué pasó?". Cuando los logros y las metas alcanzadas coinciden, ¿te das crédito a ti mismo por los resultados o se lo das a los miembros de tu equipo que ayudaron a hacer que así fuera? Por otro lado, cuando se cometen errores o los objetivos no se cumplen, ¿te haces cargo de ellos o buscas culpar a alguien más? Este es tu momento de saber que "no hay excusas". Dale crédito a tu equipo por los logros cumplidos y hazte tú responsable por las críticas. A lo mejor, pienses que eso no suena justo, ya que "fue Bob quien se equivocó comprando demasiado producto". Eso es cierto, pero es tu culpa no haber verificado el pedido de Bob y no crear un proceso para verificar los niveles de inventario. Al ser rápido en elogiar a los demás por los éxitos, y al aceptar la responsabilidad de las fallas, no estás simplemente construyendo credibilidad, sino que además estás actuando con humildad e integridad.

En la Academia Naval, la integridad se define así: "No mentir, ni engañar, ni robar". Estas parecen reglas obvias de seguir, pero demasiados líderes se convencen a sí mismos de que acomodar la verdad o evitar las malas noticias es una conducta justificada. Al contrario, las malas noticias deben comunicarse pronto y con frecuencia. Además, tu credibilidad también se fortalecerá cuando escuches y aceptes puntos de vista que están directamente en conflicto con los tuyos. De nuevo, la forma en que escuchas es muy importante. Lo sé, porque yo también he escuchado de la manera incorrecta y luego, en otras situaciones, lo he hecho de la manera correcta. En muchos casos en los que he fallado, el error se ha producido porque mi ego se interpuso en el camino de escuchar diferentes puntos de vista y comprender verdaderamente los resultados potenciales de lo que me estaban diciendo. En dos diferentes instancias, mi incapacidad para comunicar con franqueza lo bueno, así como las malas noticias para los inversores, me costó una credibilidad valiosa y casi que también mi empresa.

Las consecuencias de una mala comunicación y de una escucha selectiva pueden ser aún mejores cuando tienes el poder de enviar gente a la batalla, como fue el caso de Winston Churchill en la Primera Guerra Mundial. La mayoría de la gente está familiarizada con el extraordinario liderazgo del Primer Ministro, Winston Churchill, durante la Segunda Guerra Mundial, pero ese triunfo fue precedido por un fracaso tan grande que, años más tarde, su propia esposa, Clementine, le dijo a un biógrafo que le preocupaba que su marido "muriera de dolor", lidiando con el peso de su mala decisión. El mayor fracaso de su liderazgo ocurrió mientras él era el Comandante del Almirantazgo (Secretario de la Marina) y convenció al Gabinete de Guerra Británico para atacar a Turquía en una sección de su costa llamada Gallipoli. Más de un millón de hombres lucharon durante casi nueve meses, lo que resultó en medio millón de víctimas en total, y en una aplastante derrota para el Imperio Británico.

El craso error de esta decisión estuvo en la falta de voluntad del gran orador para comunicar (y escuchar) diferentes puntos de vista. Se apegó tan ferozmente a su propia opinión que no solo no escuchó a quienes lo rodeaban, incluidos Lord Admiral Fisher, Jefe de Royal Navy, quien le advirtió que aquel era un "plan demasiado absurdo", sino que también distorsionó datos vitales en su informe dirigido al Gabinete de Guerra. Churchill dio pasos agresivos para aplastar a quienes se oponían a su plan de ataque e hizo otros disparates por el estilo. El caso es que su arrogancia y falta de voluntad para aceptar la disensión y la diferencia de opiniones les costaron la vida a decenas de miles de soldados británicos, australianos y neozelandeses.

Años más tarde, el Primer Ministro Churchill implementó algunas lecciones aprendidas de su desastrosa decisión de Gallipoli cuando estaba eligiendo los miembros de su Gabinete de Guerra al comienzo de la Segunda Guerra Mundial. Al igual que el Presidente Lincoln, Churchill eligió a sus rivales para asegurarse de que la comunicación fuera verdaderamente abierta, sincera y sujeta a animados debates. El Primer Ministro Churchill es considerado un gran líder tanto por cómo aprendió de sus errores como por sus grandes éxitos. Corregir nuestros errores respondiendo a nuestras deficiencias y reconociendo nuestros desaciertos son actitudes esenciales para generar credibilidad entre quienes nos rodean. Si haces bien todo esto, la gente llegará a confiar en ti incluso más; si lo que haces es deficiente o nulo, la confianza de otros en ti quedará cada vez más erosionada.

3. Compromiso

En el SEAL Team, el comandante en jefe (el suboficial sénior del equipo) se paraba en la puerta del frente los lunes por la mañana para inspeccionar los cortes de pelo. Técnicamente hablando, yo lo superaba en rango, pero no estaba ni cerca de su nivel de experiencia en cuanto a todo lo relacionado con el SEAL Team. Él tenía 15 años más de servicio en los equipos que yo. Ese día, cuando él "sugirió" que yo necesitaba cortarme el pelo, yo lo escuché y, regresando de la peluquería, fui a su oficina para mostrarle que había ido a la peluquería. Él sonrió y me preguntó: "Señor, ¿sabe usted por qué yo reviso el corte de pelo todos los lunes? Yo no sabía la respuesta, así que le respondí en broma. "¡Porque ama a los marinos, comandante en jefe!" (Los marinos mantienen su cabello muy corto, casi calvo en los costados). Como era obvio, él no se rio; en cambio, me respondió con una palabra: "¡Coherencia!". Su razonamiento fue sencillo. Los cortes de pelo e incluso los peinados son un signo de la marca SEAL. Así que, cuanto más coherente seas en tus acciones, más confiarán en ti, pues la gente sabrá qué esperar de tu parte. En cambio, cuando tus acciones son inconsistentes, mantienes a los demás adivinando sobre tus intenciones. El mando del comandante en jefe del SEAL Team no limitaba sus inspecciones a los cortes de pelo; él permanecía revisando constantemente nuestros uniformes y casilleros de equipo, incluso inspeccionándonos antes de irnos a nuestras misiones. Para él, la consistencia era un hábito y este no estaba reservado para ponerlo en práctica solo a tiempo parcial. Un profesional debe ser coherente en todo lo que hace.

Su actitud hacia la coherencia caló en mí. No en vano la formación en la Academia Naval es de cuatro años de aprendizaje, aprendiendo a ser coherentes en nuestras acciones, en nuestro decoro y con nuestros dormitorios (mi área más difícil para ser consistente). Si eres errático en tus acciones, la gente no sabe quién eres. Las acciones inconsistentes desequilibran a la gente, y cuando ellos se preguntan "¿Qué sigue?", pasan más tiempo adivinando qué es lo que el líder va a hacer diferente a centrándose en lo que ellos deberían estar haciendo para ayudarle al equipo. No estoy sugiriendo que necesites usar un uniforme para trabajar, como jeans y zapatillas de deporte o el suéter de cuello alto negro de Steve Jobs, ni que debes quedarte con el mismo peinado por más de 30 años (aunque a mí me funciona), pero sí estoy afirmando que la coherencia en tus acciones y en tu comportamiento consolida cierto nivel de confianza entre tus compañeros de equipo.

Piensa en esto por un momento: si les dices a tus compañeros que vas a enviarles un correo electrónico semanal con actualizaciones, pero de un momento a otro dejas de enviárselo o decides que no sería gran cosa si omitieras uno o dos porque estás demasiado ocupado, ¿qué mensaje le estás enviando a tu equipo? Estás comunicando autocomplacencia, no consistencia. Estás comunicando que está bien no cumplir tus compromisos, puesto que el líder del equipo tampoco lo hace. Cuando el mundo se está derrumbando a tu alrededor y tú no tienes ni la más remota idea de qué hacer, tu mejor táctica es ser constante. Yo he tenido momentos en los que no he sabido qué hacer, pero aun así seguí siendo constante, he hecho rendición de cuentas y, sobre todo, seguí comunicando. Seguro hubo momentos en los que no fui tan consistente como debería haberlo sido; sin embargo, lo que cuenta es el compromiso de seguir intentándolo.

Todos desarrollamos nuestros propios estilos de conexión, pero los bloques de construcción siguen siendo los mismos. No importa cómo usemos nuestras habilidades de comunicación física, mental y emocional para conectarnos con la gente, en cualquier caso, la comunicación es una forma poderosa de generar confianza y crear las condiciones de interés hacia los demás que tanto deseamos que nuestros compañeros de equipo emulen. Los detalles importan, desde cómo escuchas a quienes te rodean hasta cómo te enfrentas a las malas noticias. Si gritas y te descompones cuando algo sale mal, suceden dos cosas: otros también gritarán y se descompondrán cuando reciban malas noticias; y peor aún, muchos ni siquiera se arriesgan a darte malas noticias por miedo a tus gritos y aspavientos. Y esa es una receta para el desastre. Conectarte con tu equipo es gratificante en sí mismo, pues los seres humanos prosperamos gracias a las conexiones que tenemos con los demás, pero es esencial si quieres lograr lo que yo llamo un OEEH —un objetivo en el horizonte—. Ese tipo de objetivo es el más desafiante, porque se trata de objetivos desconocidos y a nuestro cerebro no le gusta lo desconocido. Sin embargo, los OEEH son exactamente aquellos que los equipos imparables están en capacidad de abordar. A medida que te preparas para abordar OEEH en tu trabajo, elije elementos de las tres Cs que sean factibles de incorporar a tu vida diaria. Lo más probable es que ya estés realizando algunas de ellas, pero no intentes hacer demasiadas al mismo tiempo. Recuerda, conectarte con todo tipo de personas es un proceso de prueba y error, y tus límites de liderazgo están determinados por la diversidad de personalidades con las que logres conectarte. No te desesperes si no haces todo bien de inmediato; tu compromiso de seguir intentándolo te ayudará a ganar confianza.

Capítulo 4

ALCANZANDO LOGROS

L os equipos existen por una razón: lograr resultados. Es demasiada la cantidad de gente que termina confundiendo a un grupo, a un club o a una reunión de personas con un equipo 100% estructurado. Sin embargo, tener un grupo de personas juntas es solo el primer paso en el proceso (como vimos en el Capítulo 2). El segundo es la formación de conexiones (como vimos en el Capítulo 3). Ahora, vamos al siguiente paso, que es definir cuál será la dirección del equipo. A veces, los equipos se unen solo brevemente, para combatir un incendio, por ejemplo, o para estabilizar a un paciente en una sala de emergencias. En otros casos, los equipos se forman para lograr un objetivo que requiere de años de esfuerzo sostenido, ya sea que se trate de un equipo de animadores de Pixar haciendo una película o de un equipo de ingenieros de General Electric implementando Programas Six Sigma para eliminar posibles defectos en la fabricación de motores a reacción. Equipos imparables existen en medio de toda clase de entornos, en crisis, en momentos de creatividad y productividad, y todos se esfuerzan por lograr metas cuyo resultado es incierto —objetivos en el horizonte que están más allá de nuestra perspectiva y que nos sacan de nuestra zona de confort—. Los OEEH se extienden hacia lo desconocido y, a menudo, desencadenan una respuesta de duda. Yo comparo este tipo de objetivos, donde se desconoce el resultado, a una persona que intenta navegar en un bote pequeño a través de un océano, es decir, un objetivo caracterizado en gran medida por lo que no podemos ver, ni saber de antemano. ¿Qué tan lejos crees que una persona de 1,80 de estatura podrá ver si está de pie sobre un mar en calma? He hecho esta pregunta frente a audiencias de todo el mundo y siempre se sorprenden de la respuesta. No tan lejos como piensas: apenas 2,9 millas (sin binoculares), pues la curvatura de la tierra reduce su campo de visión. Las metas que aparecen dentro de nuestro campo de visión son las más reconfortantes para nosotros, porque nuestro cerebro anhela tener certeza. Pero las metas a las que la mayoría de equipos imparables aspiran a llegar suelen ir más allá del campo de visión de cualquier individuo. El papel del líder es ayudarles a los miembros del equipo a ver mucho más allá del horizonte visible y encontrar formas de superar limitaciones reales y/o imaginarias. Me refiero a las acciones del líder del equipo relacionadas con las cinco As de todo logro: aspirar, asumir, analizar, animar y apreciar. Tomadas en conjunto, estas cinco acciones forman la segunda parte del marco de acción CARE. Así es como defino cada una de ellas:

- Aspirar: Trabajar para hacer realidad la meta ayudándoles a los miembros del equipo a conéctese personalmente con ella. Darles esperanza y una razón para creer que sus esfuerzos colectivos lograrán su cometido.

- Asumir: Darle a tu equipo el espacio, los recursos y la confianza para hacer su trabajo.

- Analizar: Hacer frecuentes evaluaciones de desempeño y de forma transparente con el fin de evitar sorpresas y unificar al equipo.

- Animar: Motiva a tu equipo y bríndale confianza sobre el propósito, el progreso que obtendrá y las perspectivas que se abrirán; ayúdales a superar sus miedos y dudas.

- Apreciar: Muestra entusiasmo y gratitud tanto por los esfuerzos individuales como por el progreso del equipo.

Aspirar

Las semillas de esta acción comienzan cuando formas tu equipo y te conectas con todos y cada uno de ellos a nivel emocional. Sin embargo, debes reforzar las aspiraciones del grupo una y otra vez. Tu llamado a la acción los inspira a ellos a seguir adelante aun cuando la meta parezca poco probable de alcanzar. Tú no necesitas ser un gran orador como Winston Churchill, pero lo que sí es necesario es que seas auténtico al articular la razón por la que el equipo entero debe creer en el objetivo a seguir. Humaniza la meta. Ponle una cara y un nombre. Pinta una imagen de cómo los hará sentir el resultado una vez lo consigan. Luego, pregúntales cómo se sentirían si el equipo fallara; además, pídeles que se pongan en contacto con esos sentimientos. De esa manera, al recordarles con cierta frecuencia el significado y los resultados de su trabajo, ellos reforzarán su deseo y dedicación hacia el objetivo por cumplir.

Asumir

Aquí es donde muchos líderes cometen su primer error asumiendo que sus compañeros de equipo no son (elige uno) lo suficientemente buenos, ni lo suficientemente hábiles, ni lo suficientemente enfocados, ni lo suficientemente comprometidos o lo suficientemente esforzados. Algunos líderes sabotean sus posibilidades de éxito desde el principio al no darles a los miembros de sus equipos el beneficio de la duda, poniendo que ellos no funcionarán con la creatividad necesaria sin la constante supervisión como líder. Existe una delgada línea entre la supervisión productiva y alentar al equipo y la microgestión contraproducente. Si no sabes asumir que tanto las intenciones como las habilidades de tu equipo son buenas, lo más probable es que termines generando una profecía autocumplida de fracaso. Cuanto más tus acciones comuniquen que no crees en ellos, más tu equipo dudará de sus propias habilidades y de su capacidad de progreso. Parece antinatural e incómodo, pero debes darle a tu gente la confianza y la libertad para afrontar todos y cada uno de sus retos. Entonces, si sigues los pasos del Capítulo 3 y "te conectas", lograrás mitigar todos estos sentimientos, porque te habrás conectado con tu equipo y construido un nivel inicial de confianza. Dándole a tu gente el espacio para iniciar el proceso de consecución de la meta harás que comience una siguiente fase muy importante en la construcción de un nivel más profundo de tu confianza en ellos —y eso solo sucederá dando un paso hacia atrás, lo cual le permitirá a tu equipo elegir sus propias formas de abordar cada situación.

Analizar

Durante la evaluación periódica del progreso de sus equipos, los líderes tienden a caer en otra trampa. Aquí, déjame enfatizar la palabra equipo, porque esa es la unidad de análisis apropiada cuando analizas y evalúas el trabajo de tus compañeros. Al centrarte en el progreso del *equipo*, estás separando todo el resultado de las contribuciones individuales —no centrándote en lo incumplida que es Susana—. Tu enfoque no deberá estar en los individuos, sino en evaluar el funcionamiento y los resultados del grupo de la manera más imparcial posible y desde todos los ángulos. Si centras la evaluación en las contribuciones y el progreso del individuo, estarás inspirando miedo y desconfianza y estos terminarán por apagar la creatividad, la franqueza y el verdadero progreso —justo los aspectos que intentas evaluar.

Animar

Cuando los equipos asumen OEEH, es necesario recordarles que está bien que las cosas sean difíciles, que es normal sentir incertidumbre y miedo y que, si tú estás fallando, está bien pedirles ayuda. De todos modos, hay que seguir adelante. Animar y tranquilizar a tu equipo es un proceso interminable. Tu trabajo como es escuchar las dudas e inquietudes de tu equipo para luego ayudarlo a replantear sus desafíos de manera positiva. El líder debe ser capaz de proporcionar una garantía continua de que los esfuerzos del equipo son importantes y contribuyen al logro. Desde el conserje hasta el gerente junior al empleado superestrella que desempeña todos los oficios, todos los miembros de un equipo deben estar convencidos de que su trabajo es importante y que el equipo cuenta con ellos.

Apreciar

Al igual que ocurre con los otros componentes de las As que integran el marco de acción CARE, mostrar tu aprecio no es tanto una fase distinta a las otras, sino una acción consistente. Piensa en las acciones de aprecio y seguridad como si estas fueran compañeras de natación —van braceando juntas—. Cuando le estés asegurando a alguien que el trabajo que está haciendo es importante o que es capaz de hacerlo, no olvides agradecerle el esfuerzo que esa persona ha hecho hasta ahora. Lo que digas, cómo lo digas y cuándo lo digas hará que tus manifestaciones de agradecimiento sean duraderas y surtan efecto. Por ejemplo, cuando yo dirigía mi empresa, tomé prestada otra tradición aprendida durante mi tiempo con los SEALs. Instalamos una gran campana de latón que cualquiera podría hacer sonar para anunciar un logro o mostrar agradecimiento por las contribuciones que alguien aportó para alcanzar una meta. La tocaba solo una vez, a menos que alguien se mudara a un nuevo equipo (dejando la empresa); luego, la tocabas tres veces, al igual que en el entrenamiento SEAL. Lo que quiero decirte es que no tengas miedo de crear tus propios rituales, ni de tomar prestado este y convertir el acto de agradecimiento en una parte integral de la cultura de tu empresa.

Recuerda, este libro trata sobre la construcción de equipos imparables. Este tipo de equipos no están formados para lograr metas fácilmente alcanzables, como las llamadas metas INTELIGENTES —específicas, medibles, alcanzables, relevantes y con plazos determinados—. Me refiero a objetivos transformadores que requieren lo mejor de todos y no solo las contribuciones de unos pocos individuos. El establecimiento de metas INTELIGENTES funciona bien cuando el curso de acción es claro y el objetivo es comprendido por completo, pero cuando trabajas fuera de lo conocido y alcanzable, requerirás de equipos imparables, reforzados por las cinco As que se requieren para conquistar logros que implican rendimiento óptimo.

Entre los ejemplos extremos de OEEH están la construcción del canal de Panamá, el Proyecto Manhattan y la promesa del Presidente Kennedy de "llevar al hombre a la luna en cuestión de 10 años". Es fácil expresar una visión audaz, pero hasta que un líder no genere una razón para creer en ellas, las visiones nobles no son más que sueños. Los OEEH no se logran de la noche a la mañana. Hay ocasiones en que requerirán de años de acción implacable al tener que lidiar con fracasos, reveses, y sobre todo, con el enemigo más implacable: la duda. La principal responsabilidad de un líder es mantener a los miembros de su equipo conectados con el propósito, al tiempo que les recuerda las razones por las cuales ellos lograrán su objetivo.

Hace poco más de 60 años, los rusos pusieron el *Sputnik* 1 en órbita. El primer satélite de la humanidad lanzó a dos naciones en una carrera imparable con el fin de explorar el espacio. Tres años después, John Kennedy derrotó por poco a Richard Nixon para convertirse en el más joven presidente en la Historia de Estados Unidos. La nación se dividió después de décadas de derramamiento de sangre, desde la Primera Guerra Mundial hasta la Guerra de Corea. El Presidente Kennedy reconoció que un objetivo común podría unir al país y buscó otro objetivo que este aspirara lograr.

Entonces, mientras pronunciaba un discurso ante el Congreso el 25 de mayo de 1961, cuatro meses después de asumir el cargo, Kennedy desafió a la nación a "poner a un hombre en la luna a finales de la década". A la vez, cuando Estados Unidos todavía estaba tratando de entender cómo lanzar un satélite, la idea de poner un hombre en la luna en menos de 10 años podría citarse como la definición perfecta de lo que es un OEEH. No había una forma claramente identificable de lograrlo. No solo había enfoques encontrados al respecto del tema, sino también una serie de tareas desafiantes que tendrían que realizarse antes de que alguien llegara a dar un paso hacia la luna. Esta elevada meta de emprender una misión lunar requería de una serie de equipos que permitieran abordar OEEH como:

- Crear una infraestructura mundial de comunicaciones vía satélite tanto sonoras como visuales. Además de la necesidad de comunicarse con los astronautas, ¡no le haría ningún bien a la nación si no podía oír, ni ver a un estadounidense caminar sobre la luna!

- Construir un sistema de satélite independiente que permitiera la observación meteorológica del planeta entero con el fin de saber cuándo y dónde lanzar y recuperar las naves espaciales.

- Diseñar, probar y refinar propulsores de cohetes y combustibles capaces de lanzar naves espaciales tripuladas.

- Inventar una nave espacial lunar.

- Preparar y ejecutar exploraciones espaciales no tripuladas.

Cada uno de estos objetivos, y hubo muchos más, fue un OEEH. El Presidente Kennedy supo vislumbrar que poner un hombre en la luna implicaría los esfuerzos de todos y cada uno de los americanos:

"Creo que, antes de que termine esta década, esta nación debería comprometerse a lograr el objetivo de aterrizar un hombre en la luna y devolverlo sano y salvo a la tierra... pero en un sentido muy real, no será un hombre el que vaya a la luna, sino una nación entera. Y para lograrlo, todos debemos trabajar hasta alcanzar el propósito de llegar allá".

Rápidamente, los líderes de la NASA se dieron cuenta que su OEEH dependería de las mejores conjeturas, de ensayos de prueba y error y de infinidad de correcciones de rumbo que realizarían durante la próxima década. A medida que avanzaban, los equipos de la NASA aprenderían algo nuevo o desarrollarían una nueva tecnología que cambiaría su opinión y, por tanto, su curso de acción sobre cómo lograr tal meta. Así es cómo funcionan los equipos imparables. Observan un problema desde múltiples ángulos antes de seleccionar un enfoque determinado. Saben darse cuenta de que, cuando se adentran en aguas desconocidas, necesitan sumergirse por completo en ellas hasta salir al otro lado. Este proceso en busca de múltiples y mejores soluciones, en lugar de enviar individuos a trabajar en silos, es la esencia de lo que hacen los equipos imparables. Para encontrar una solución, ellos no confían en una persona; todo el mundo colabora sin importarle la gloria individual. Pero esta actitud desinteresada no suceda por arte de magia; por eso el marco de acción CARE es tan importante.

El Presidente Kennedy sabía que su OEEH requeriría de un enfoque poco convencional y de un extraordinario líder que proporcionara el plan de acción y estableciera el tono del trabajo día tras día. Así las cosas, puso el proyecto bajo el liderazgo de James E. Webb, un ejecutivo de negocios y burócrata que entendía el funcionamiento interno de Washington y estaría a la defensa de los contratistas. Webb no era un científico y sabía poco y nada sobre el espacio y la cohetería. Sin embargo, sí sabía cómo construir equipos que pudieran lograr lo aparentemente imposible. Durante su tiempo al frente de la NASA, de 1961 a 1968, sus filas aumentaron a 35.000 empleados y a más de 400.000 contratistas. Webb asumió que él obtendría lo mejor de los científicos de la NASA, pero también contrató universidades de todo Estados Unidos para que contribuyeran a semejante empresa.

Webb utilizó el mensaje de motivación de Kennedy para unificar un equipo de miembros imparables en todos los niveles de la organización. Como cuenta una anécdota popular, en 1962, el presidente recorría el recién construido centro espacial de la NASA. Entonces, se detuvo a charlar con un conserje que estaba refregando el suelo y le dijo: "Hola, soy Jack Kennedy. ¿Qué estás haciendo?", a lo que el conserje respondió: "Bueno, señor presidente, estoy ayudando a enviar al hombre la luna".

Cuanto más vívido e inclusivo sea tu llamado a la acción, más profunda será tu conexión con los corazones y mentes de tus compañeros de equipo. Cada misión comienza con la identificación del significado de dicha misión, brindándoles a quienes participan en ella algo a qué aspirar, algo por lograr. Algunas misiones, como cazar criminales de guerra, son obviamente más valiosas que otras.

Sin embargo, aun así, habrá muchas veces en que, en tu trabajo o en tu comunidad, deberás enfrentarte a un OEEH. Indudablemente, hay veces en que todos sentimos miedo cuando eso sucede. Lo que ocurre es que las personas lidian con el miedo de distintas maneras, pero cuanto más puedas conectarte con tus compañeros y con las razones por las cuales adquirir compromiso como equipo frente a determinado OEEH, mayor combustible tendrán ellos para luchar contra esos miedos y seguir adelante.

El miedo llena el espacio cuando nos enfrentamos a lo desconocido. Las cinco As de cada objetivo también te ayudarán a gestionar tus propios miedos. Los equipos imparables llegan a creer que incluso el miedo a lo desconocido es una barrera que ellos sabrán asumir juntos. Al planear metas motivantes, asumiendo lo mejor de tu equipo, analizando y evaluando su progreso sin hacer de los errores y las fallas provisionales un tema personal, ayudándole a afianzarse para que sepa cómo enfrentarse a objetivos sin precedentes y, finalmente, apreciando su compromiso y progreso, estás construyendo un entorno que contribuya a que tus compañeros de equipo se desempeñen a niveles máximos. Este enfoque de los objetivos crea los hábitos y rituales que terminan por convertir un horizonte turbio en un magnífico proyecto y hace posibles metas que, de otro modo, serían inimaginables e incumplibles.

Tuve muchas oportunidades de probar estas ideas siendo un SEAL, pero también aprendí sobre el valor de las cinco As cuando estaba construyendo mi equipo de negocio. Durante más de ocho años, gestioné la relación de nuestra empresa con Walmart, nuestro mayor cliente. Walmart nos desafió a producir excelentes productos a precios más bajos para que sus clientes tuvieran acceso a una vida mejor —el lema de la empresa.

Para comprender los desafíos de los OEEH que enfrentamos al trabajar con Walmart, permíteme ponerte en contexto. Muchas compañías se ganan la vida vendiéndoles sus productos directamente a los consumidores a través de la televisión (y de internet), como parte de la industria de respuesta directa (RD). Las RDs son un negocio de alto riesgo/alta recompensa que se ha ido convirtiendo en un sector cuyo valor es de miles de millones de dólares y cuya industria ha sido construida en verticales que van a partir de cada paso de la cadena de suministro, desde la fabricación a los centros de llamadas a la compra de medios hasta el comercio electrónico y más. La mayoría de las empresas de RD es pluralista cuando se trata de los tipos de productos que vende y su estrategia es asumir un buen riesgo compartido con tal de vender diferentes productos en múltiples categorías. Una misma empresa puede vender productos para el hogar (trapeadores y limpiadores), productos de belleza (para el cuidado de la piel y removedores de arrugas) y productos fitness. Esta es una estrategia muy bien desarrollada y la mayoría de los minoristas ha establecido sus propios departamentos para vender estos productos. El mercado minorista que comercializa productos "como se ve en la televisión" (ASOTV, según su sigla en inglés) tiene sus propios compradores y se trata de aquellas personas que se aseguran de comprobar que los productos que ven en TV son tan valiosos como aquellos que podrían comprar en los estantes de las tiendas los cuales casi siempre se encuentran ubicados en los mejores espacios. Y aunque nuestra empresa usó este enfoque de RD para lanzar Perfect Pushup, no consideramos (ni al comienzo, ni ahora) que nuestra línea de productos sea una marca comercializable vía ASOTV.

El hecho es que nuestro infomercial Perfect Pushup ganó tracción a muy buena velocidad y se convirtió en uno de los principales infomerciales del país. Dicho resultado llamó la atención del comprador de ASOTV de Walmart. En ese momento, éramos una empresa bastante pequeña, con cinco empleados y menos de $1 millón de dólares en ventas. Usábamos representantes de ventas externos para que nos ayudaran a entrar en el sector de los almacenes minoristas. Lanzamos programas de venta al retal con Dick's, Sports Authority, Big 5 y un puñado de otros almacenes minoristas en el campo de los deportes y obtuvimos éxito en ellos. Estábamos ocupados y no habíamos pensado en vender en Walmart hasta que recibimos una llamada de nuestro líder representante de ventas, Ray, quien dijo: "Tengo buenas y muy malas noticias. ¿Cuáles quieres escuchar primero?".

Preferí las malas.

"Walmart llevará un producto de tus competidores a mitad del precio de los que tú vendes por televisión". Luego, esperó un momento para que yo asimilara tan mala noticia. Después, prosiguió: "Eso significa que has perdido el comercio minorista masivo, lo que a su vez significa que tendrás que reducir tus precios es aras de mantenerte en los estantes de tus tiendas minoristas actuales". Hacía menos de seis meses acabábamos de comenzar nuestra campaña publicitaria en televisión y ya un competidor inteligente iba a la par con nosotros, nada menos que con un nombre similar y con un producto 50% más barato que el nuestro. Digerí sus comentarios durante unos momentos, antes de preguntarle:

"¿Y la buena noticia es?".

Ray se rio entre dientes y continuó: "A Walmart le gusta más tu marca y te comprará si le fabricas un producto que le salga a la mitad del precio actual". Dicho esto, volvió a reírse y agregó: "¡Ah! Y deberás entregarlo en 90 días a 44 centros de distribución".

El Perfect Pushup original tardó 90 días en ser diseñado por Steven G. Hauser, el destacado diseñador de California, uno de los únicos 50 becarios de Industrial Designers Society of America. El diseño se completó solo después de que supimos con total exactitud cuáles eran las especificaciones. Nuestros productos fueron elaborados en China y el solo hecho de tallar los moldes de acero para las piezas de plástico tomaría hasta 45 días después de la prueba. Entonces, habría el tiempo necesario para elaborar los productos, seguido del tiempo necesario para enviarlos a través del Océano Pacífico, no mencionando el hecho de todo el proceso requerido en la aduana de EE. UU. y el transporte en camiones que harían las entregas en los 44 almacenes de Walmart. En el mejor de los casos, necesitábamos seis meses, si sabíamos con precisión lo que estábamos haciendo y el fabricante tenía una línea de producción disponible que se dedicara única y exclusivamente al nuevo producto. Por supuesto, Ray sabía todo esto, razón por la cual se rio cuando estaba dándome la supuesta buena noticia. Él sabía cuál sería la respuesta: eso no es posible.

Sin embargo… yo no me reí, sino que le pregunté: "¿Cuánto tiempo tenemos para decirle a Walmart nuestras intenciones?". Mi reacción lo tomó por sorpresa.

"¡Alden, no estarás hablando en serio! ¡No hay manera alguna en que logres fabricar algo tan rápido! ¡Ni siquiera los grandes fabricantes pueden hacerlo así de rápido! ¡No cuentas con una cadena de suministro lo suficientemente poderosa para lograrlo! ¡El proyecto de Walmart es imposible de realizar!".

Pero persistí: "Ray, ¿cuánto tiempo tenemos?".

"¡Solo 24 horas!", dijo con total contundencia.

En el momento en que colgué el teléfono, mi pequeño equipo se puso en marcha a todo vapor. Mark, mi cofundador y jefe de operaciones, llamó a nuestro fabricante para ver si nos asignaba una línea de producción y las mejores herramientas posibles; Andrew, el director financiero, llamó el banco para iniciar el proceso de extensión en nuestra línea de crédito. Llamé a nuestro diseñador, quien nos dijo que se había retirado después del Perfect Pushup. Si teníamos la oportunidad de alcanzar este OEEH, necesitaríamos tener listas cada una de estas tres partes para firmar el contrato. Como con todo equipo imparable, necesitábamos un vínculo con nuestros socios externos que fuera tan fuerte como el que habíamos formado internamente. Por fortuna, cada uno de estos socios se fue adhiriendo a nuestra aspiración, desde nuestro fabricante chino hasta nuestro banquero y nuestro diseñador semijubilado, quien no pudo evitar decirme: "¡Será mejor que vayas a mi oficina mañana! ¡Tenemos mucho trabajo por hacer!".

En menos de 60 días después de la llamada telefónica de Ray, estábamos comprometidos 100% en la producción de nuestro nuevo diseño y el día #90, apareció el Perfect Pushup Basic en los estantes de las tiendas Walmart. Y en cuestión de seis meses, habíamos vendido, solo en Walmart, más de un millón de unidades de nuestra "maravilla elaborada en 90 días". Lograr este OEEH requirió de todo tipo de hazañas imparables y no menos importante fue el compromiso de todo nuestro equipo imparable.

Este logro se produjo en condiciones extremas, sin visibilidad más allá del horizonte en medio de las peligrosas aguas, pero ya habíamos construido una base sólida de confianza, compromiso y amor de los unos por los otros. Compartimos las mismas aspiraciones y eso hizo posible que bloqueáramos todos los ruidos a nuestro alrededor y confrontáramos nuestros miedos y dudas sin quedarnos atascados, aprendiendo rápido y haciendo más bien que mal. Los riesgos de hacer más daño que bien se vuelven aún mayores cuando asumes OEEH, ya sea que estés persiguiendo terroristas, lanzando productos sin margen de error o entrenando a tus niños para que aprendan a enfrentar enfermedades y/o amenazas de muerte.

La máxima latina *Primum non nocere,* "Primero, no hagas daño", expresa una idea sugerida en el juramento hipocrático, recordándoles a los profesionales médicos que asuman con total seriedad el 100% de su responsabilidad y de sus capacidades específicas a la hora de tener que rendir cuentas sobre posibles consecuencias de sus acciones. Hoy en día, se considera que esta frase se refiere a daños prevenibles, que son la decimocuarta causa principal de morbilidad y mortalidad en hospitales de todo el mundo. Un diagnóstico incorrecto, una medicación inadecuada, ciertos errores administrativos e infecciones en las unidades médicas son solo algunas de las razones por las que los daños prevenibles son una de las principales causas de muerte. Sin embargo, abordarlos es desafiante debido a la complejidad que implica el hecho de brindar una atención médica segura. Rara vez, se trata simplemente de que un médico, un procedimiento o un departamento sea el que determine el resultado. Por ejemplo, los errores administrativos son generadores de hasta la mitad de todos los errores médicos en el área de atención primaria; por otra parte, las infecciones hospitalarias afectan a 14 de cada 100 pacientes. En otras palabras, los costos asociados con los daños prevenibles son asombrosos. Se estima que el 15% de todo el gasto en salud alrededor del mundo está destinado a solucionarlos. En Estados Unidos, nada más los errores de medicación cuestan más de $40 mil millones anuales. La ironía de los daños prevenibles es que la mayoría de los profesionales médicos sabe cómo evitarlos en cada caso; el problema surge cuando ellos intentan escalar la solución en los múltiples y diversos departamentos que existen dentro de un hospital. Tal como lo descubrió la administración del Boston Children's Hospital (BCH), la cura para los daños prevenibles proviene de que todos y cada uno de los miembros de los equipos hospitalarios se unan para evitarlos.

Se mire como se mire, el éxito del BCH ha sido asombroso. Según los rankings de *US News & World Report,* el BCH ha estado entre los 10 primeros lugares de excelencia durante 18 años seguidos y durante cinco se ha mantenido siempre en el puesto #1. ¿Cuál es la magia allí? ¿Cómo hacen ellos para encontrar formas constantes de ser los mejores, de ser un equipo imparable? Los visité para conocer su misión y su aspiración de reducir a cero los daños prevenibles. Se trata de un OEEH que requiere de todas las personas y desde el portero hasta el médico deben estar involucrados. El siguiente es un resumen de su enfoque:

- Todos están manos a la obra, todo el tiempo. Ellos no usan estas palabras exactas, pero ese es su enfoque —hacer que cada persona, cada empleado, sea responsable y rinda cuentas ante el objetivo de alcanzar la meta.

- Capacitación de alta confiabilidad con base en el compañerismo, la generación de informes y de constantes mejoras.

- Autoevaluación e informe de errores.

- Sesiones informativas diarias de seguridad con la participación del personal de todos los departamentos.

- Entrenamientos de prevención de errores a más de 14.000 empleados y líderes.

Estas acciones apoyan los objetivos del BCH, pero quizá la acción crucial es su enfoque en lo referente a ampliar la definición de lo que son los daños prevenibles, no solo para los pacientes, sino también para el personal. Al identificar y rastrear entre sus trabajadores cómo va la reducción de dichos daños, el BCH fomenta un ambiente de cuidado tanto para quienes lo reciben como para quienes lo brindan. Teniendo en cuenta la seguridad de su equipo de personal con el fin de lograr cero daños prevenibles, todos los miembros del BCH se vuelven participantes más dispuestos en la reducción del papel que juega el ego humano en el proceso. De esa manera, generando una cultura mediante la cual se les anime a los empleados a informar sus errores con el fin de aprender y mejorar, el BCH se asegura de que las buenas intenciones de sus empleados estén alineadas con prácticas que reduzcan posibles daños prevenibles. En muchas organizaciones no es nada frecuente que tú mismo informes tus errores, ni mucho menos te alientan a hacerlo, sin embargo, ese es uno de los principios que ha hecho que el BCH sea imparable. Allí, los empleados son animados e incluso recompensados por reconocer sus errores y reciben entrenamiento constante y desarrollo profesional al cometer hasta los errores más raros. De esta manera, el BCH demuestra que se preocupa por sus empleados tanto como se preocupa por sus pacientes. Cuando conduces reuniones los cinco días a la semana sobre prevención de daños y gastas millones de dólares en aras de capacitar a todas y cada una de las personas que hacen parte de tu equipo, te estás conectando con ellas y proveyéndoles las herramientas para lograr un objetivo visionario. El BCH aún no ha eliminado por completo los daños prevenibles, pero sí ha logrado reducirlos en un alto porcentaje.

Entonces, según lo muestra la historia del BCH, los errores rara vez están contenidos dentro de los procedimientos de cualquier equipo, departamento o empresa. Además, el miedo a lo desconocido es una realidad para todos los equipos con altas aspiraciones. Por lo tanto, no es algo que deba evitarse. Lo cierto es que los mejores líderes combaten el miedo ayudándoles a sus equipos a encontrar un significado personal en cada meta, asumiendo que el equipo tiene lo necesario para alcanzar el éxito (y aportándole lo que le falte si fuera necesario), proporcionándole retroalimentación constructiva y haciendo evaluaciones a medida que este avanza (o se termina la etapa de seguimiento) y mostrándoles a todos los miembros que todos y cada uno de ellos son valorados y apreciados por sus contribuciones. Así que, a medida que hagas todo esto, comenzarás a cultivar el siguiente elemento que los equipos imparables necesitan: el respeto.

Capítulo 5

GANANDO RESPETO

"Te-nien-te Mills, esta cámara vale más que lo que el gobierno le paga a usted durante todo un año, así que no la deje caer, ¿me escuchó?". El Coronel Stones (no era su nombre real) no estaba bromeando. Abrió un estuche negro, sacó la que parecía una cámara normal con un rollo de 35 mm ya instalado, me apuntó con ella y dijo: "¡Sonríaaaaaa!". Le seguí el juego, le puse un poco de entusiasmo y sonreí mientras él tomaba la foto. Acto seguido, giró la cámara para que quedara frente a mí y presionó un botón que revelaba mi foto en una pequeña pantalla LCD. Me incliné más de cerca y miré con incredulidad aquella foto que mágicamente apareció en la pantalla. Mi mirada de sorpresa había quedado reflejada en mi rostro y registrada en la cámara: "Esta es una cámara digital de primera generación y es la que el equipo que yo seleccione usará en esta próxima misión". Yo todavía estaba procesando su último comentario, mientras él continuaba: "El general quiere ver el blanco de los ojos de ese hijo de perra antes de que lo agarremos. El equipo que prepare el mejor plan se quedará con esta cámara de $34.000 dólares y se hará acreedor a un viaje de campamento". Ese "viaje de campamento" nos llevaría a las montañas de Bosnia para cazar a un criminal de guerra llamado Doctor Muerte.

En 1997, cuando fui enviado a Bosnia, el equipo de los líderes estaba compitiendo por una asignación contra otras unidades de Fuerzas Especiales. En este caso, la asignación consistía en ir tras el Doctor Muerte. El oficial superior a cargo era el Coronel Stones, perteneciente al ejército, a quien yo me reportaba en Sarajevo, Bosnia-Herzegovina. En varias ocasiones, él había expresado abiertamente sus preocupaciones sobre el hecho de que una unidad "acuática", como los SEALs, estuviera compitiendo por misiones "terrestres". El Coronel Stones había pasado su carrera trabajando en operaciones especiales del ejército, tanto con los Rangers como con los Boinas Verdes. Su idea preconcebida era que los SEALs pertenecían al agua y las unidades del ejército pertenecían a tierra. Esta actitud a favor del ejército fue un desafío de larga data para todos los comandantes del pelotón SEAL. Constantemente, teníamos que justificar nuestras habilidades frente a nuestros homólogos del ejército, situación que siempre enfrentábamos como un desafío adicional, porque nuestros hermanos del ejército a menudo también eran nuestros jefes operativos. Los Navy SEALS, los Boinas Verdes, los Army Rangers, los Delta Force y muchas otras unidades de fuerzas especiales le reportan al Comando de Operaciones Especiales, que durante la mayor parte del tiempo estuvo dirigido por generales del ejército. Menciono este punto, porque no es sorprendente que a los soldados del ejército les guste trabajar con soldados del ejército, dado que es innegable que existe cierto nivel de comodidad al trabajar con personas que han pasado por la misma formación y, en consecuencia, piensan y actúan de manera similar. Esto mismo es cierto en el mundo empresarial. La gente encuentra comodidad en la realización de su trabajo al hacerlo con colegas que han sido capacitados para pensar y actuar como ellos.

Pero el buen Coronel Stones no era un oficial del ejército normal; él estaba abierto a perspectivas competitivas. Además, contribuyó el hecho de que él observó de cerca mi pelotón y mi estilo de liderazgo cuando estuvo en Sarajevo. Todas las mañanas, el Coronel Stone hacía una sesión informativa diaria que incluía a profesionales militares de Estados Unidos y Europa. Él mismo supervisó operaciones de misiones especiales en Bosnia durante la Operación Guardia Conjunta y trató con una amplia gama de personalidades y mentalidades militares entre los franceses, alemanes y holandeses, así como con miembros del

Ejército, las Fuerza Aérea y Marina de los Estados Unidos, y con un Pelotón Navy SEAL americano —mi equipo—. Al final de cada sesión informativa, nos daba a los asistentes de cada uno de los grupos la oportunidad de hacer un anuncio. Yo hice el mismo anuncio cada día. A diario, les ofrecí a cualquiera de los presentes y a sus jefes inmediatos la oportunidad de unirse a las sesiones de entrenamiento de nuestro pelotón. Al principio, la gente se burló de mi anuncio: "¿Por qué querría yo hacer un entrenamiento con los Navy SEALs?". Entonces, suavicé mi enfoque para ser más inclusivo y finalmente convencí a algunos miembros del personal administrativo para que se unieran a nuestros entrenamientos diarios. Mis compañeros de pelotón se convirtieron casi que en entrenadores personales, ayudando a otros a hacer flexiones de pecho y lagartijas. Mi enfoque de trabajo en equipo en Sarajevo no fue una sofisticada estrategia de 10 puntos sobre cómo construir una mejor cultura; más bien, fue una idea sencilla sobre cómo hacer que más personas en la unidad ejercitaran juntas. Nuestro mantra en el SEAL Team es "el pelotón que hace ejercicio junto permanece junto". Simplemente, le extendimos ese mantra a la unidad del Coronel Stones.

El hecho es que allí estábamos, en medio de una zona de guerra, tratando de mantener un acuerdo de paz inestable y, durante una parte de cada día, les ayudábamos a otros a ponerse en forma. Mi pelotón SEAL, un escuadrón de ocho SEALs, fue relegado a dormir en un contenedor de carga de 20 pies. (¡Ah, los olores, nada como eso!) Había lonas de francotirador de 10 metros de altura que rodeaban el perímetro de nuestro complejo y numeroso campo de minas a las afueras de las cercas. Nuestra área de entrenamiento estaba limitada a unas barras improvisadas, algunas cajas de madera y una polvorienta pista circular frente a la sede. Como nuestra asistencia creció, también creció el respeto del coronel por nuestra voluntad de trabajar con todas las diferentes unidades a su mando, a medida que, poco a poco, íbamos construyendo camaradería. Cuando llegó el momento de seleccionar una unidad para cazar al Doctor Muerte, el Coronel Stones nos invitó a preparar un lanzamiento para la misión.

El coronel le dio 48 horas a mi pelotón para experimentar con la cámara digital, junto con el resto de equipos necesarios para descargar y enviar archivos digitales desde las profundidades de las montañas. Como te imaginarás, una cámara digital de primera generación (esto fue en 1997) grababa un promedio de imágenes de unos dos megabytes los cuales se descargaban mediante un cable a una computadora portátil (en este caso, una Toshiba Portégé). Ninguno de los equipos electrónicos era "resistente", lo que significaba que no eran a prueba de agua, ni de golpes, ni de suciedad y cada pieza requería de su propia batería única. Así que proteger el equipo era esencial, pero asegurarnos de tener suficientes baterías era otro desafío muy distinto. En Sarajevo no había Best Buy, ni centros de distribución Amazon, ni mucho menos una oficina de encomiendas de FedEx. Calculamos que necesitábamos unas 40 baterías para portátil Portégé y así cubrir la misión. Teníamos dos. Después de un par de horas de trabajar con los equipos, nos dimos cuenta de que el verdadero desafío de esta misión sería encontrar la forma de recargar todos estos aparatos electrónicos. Nuestro equipo se dividió en grupos de a dos para intercambiar ideas sobre qué y cómo hacer para superar este obstáculo. Un compañero, apodado Sully, pidió permiso para, en esencia, destruir un equipo de medición electrónico llamado multímetro. Y aunque no teníamos 38 baterías Toshiba, sí teníamos un suministro abundante de baterías de radio estándar llamadas 5590s, que eran parte del equipamiento militar de EE. UU. Estas baterías recargaban todas las variantes de la radio militar y el comando tenía cientos de ellas. Estando allí sentados en las literas que nos acomodaron dentro de nuestro "contenedor dormitorio" discutiendo varias ideas, Sully esperó en silencio hasta que terminamos de analizar su idea y resultó que, mientras tanto, había logrado canibalizar los cables del multímetro, los había recableado a la batería de la computadora portátil e hizo enchufes machos que se acoplaran a los conectores hembra de aquellas baterías militares. Y lo mejor de todo fue que su sistema al estilo Frankenstein ¡funcionó!

Pasamos las siguientes 24 horas planificando cada aspecto de la misión, desde cómo llegar hasta y desde nuestra ubicación de observación para operar el sistema de vigilancia hasta hacer una lluvia de ideas sobre todas las cosas que podrían salir mal (y creando contingencias para cada una). Al día siguiente, cuando le presentamos nuestro plan al Coronel Stones, su primera pregunta no fue sobre dónde nos posicionaríamos, sino que fue directo al meollo del asunto: "¿Cómo resolvieron el problema de las baterías?". Le di una respuesta corta y de alto nivel, y luego Sully hizo la demostración de su innovación. Stones sonrió, preguntó por algunos detalles de nuestra misión y luego nos interrogó durante casi una hora sobre los diferentes elementos del plan antes de asignarnos la misión. Cuando nos íbamos, le pregunté cómo el otro equipo resolvió el problema de las baterías. Hizo una mueca y dijo: "Llamaron a su unidad en Carolina del Norte y mandaron a un grupo de compañeros a compran todas las baterías que pudieron encontrar y luego iban a traerlas hasta aquí en uno de los vuelos semanales de reabastecimiento".

Ni siquiera habíamos ejecutado la misión todavía, pero ya le habíamos demostrado al coronel cuál era la dinámica de nuestro equipo. En el proceso de planificación, respetamos la opinión de cada compañero. Estábamos juntos en esto y escucharnos nuestras preocupaciones y puntos de vista había ayudado a afinar la planeación de nuestra misión. Nuestro plan no solo mejoró, sino que también hizo que todos y cada uno nos adueñáramos de la misión. Todos habíamos jugado un papel en el plan, incluso aquellos que no irían a la misión, ni participarían activamente en ella. (Planeamos rotar a un par de compañeros de equipo en la misión, dependiendo de cuánto tiempo nos tomara encontrar al Doctor Muerte). Muchos de nosotros "donamos" de nuestro propio equipamiento para ayudar a fortalecer el equipo electrónico, lo que significaba ingeniárnoslas para usar algunos de nuestros materiales de equipamiento para ponerles capas protectoras tanto a la cámara como al computador. ¡Todos estábamos en esto juntos!

Ahora, avancemos 10 años en la línea del tiempo y remplacemos al Coronel Stones con el comprador de Walmart, al equipo de operaciones especiales con las empresas competitivas que producen productos similares y a mis compañeros de natación del SEAL Team con los empleados de Perfect Fitness. Sin lugar a duda, encontrarás muchas similitudes. Claro, en el peor de los casos, no será lo mismo —nadie iba a lesionarse, ni a ser asesinado si no lográbamos el trato con Walmart, pero ambos resultados estaban plagados de riesgos desconocidos y el éxito dependía de las acciones de muchos—. Sin embargo, de la misma manera en que el Coronel Stones decidió darnos la oportunidad de presentar nuestra misión, el comprador de Walmart (de la historia en el Capítulo 4) nos dio al equipo de Perfect Pushup la oportunidad de producir una versión diferente de nuestro producto a un precio más bajo. Los SEAL Team ganamos el respeto del Coronel Stones por la forma en que tratamos a su personal de la unidad y el comprador de Walmart respetó el hecho de que nuestro equipo de trabajo fue el primero en comercializar y en entender que ellos necesitaban un producto a un costo más bajo para que su empresa tuviera éxito. Con ambos equipos nos dimos cuenta de que la situación requería de restablecer nuestras expectativas y abandonar nuestras ideas preconcebidas para así alcanzar metas más grandes. ¿Hubiera sido más fácil y más rápido si nuestro pelotón SEAL hubiera trabajado solo en lugar de invitar a personas, muchas de las cuales estaban bastante fuera de forma, a unirse a nosotros? Absolutamente. Nuestros entrenamientos tomaron el doble de tiempo y muchos compañeros terminaban haciendo un segundo entrenamiento más tarde en el día. Y con Walmart, nuestro equipo también debatió mucho y muy fuerte sobre los aspectos positivos de, en esencia, "acabar" con nuestro producto de primera generación para crear un producto específico para el cliente mega minorista que acabábamos de adquirir. La fecha límite imposible de cumplir, los riesgos de hacer un diseño rápido y el margen bajo de las ventas fueron solo algunos de los inconvenientes que dificultaron esta decisión. Sin embargo, respetamos a Walmart por la base de clientes que este representaba —gente que no podía pagar un producto que valía $40 dólares y sirviera para hacer flexiones, pero que de todas formas buscaba productos fitness de calidad—. Aquella fue una decisión fundamental para nuestra pequeña empresa, pues significaba "apostarlo todo" y requirió que hiciéramos todo lo posible para que ese producto funcionara. Pero una vez decidimos seguir adelante, nos comprometimos a hacer lo que fuera que se necesitara para convertirnos en socios de Walmart. Y para lograrlo, teníamos que ganarnos la confianza y el respeto de los clientes.

Como verás con otros ejemplos de dinámicas de equipo, como cuidar a los clientes o a las comunidades, la forma en que el equipo opera en público es un reflejo directo de cómo sus integrantes se tratan en privado. Si quieres que tu equipo se preocupe por tus clientes, enséñeles cómo cuidarse unos a otros, ya que este trato es el que sirve de ejemplo de cómo llevar todas las interacciones. Suena obvio, ¿verdad? Aun así, no sé decirte cuántas veces me he encontrado con líderes que piensan que pueden fingir activando su encanto y sinceridad solo cuando les conviene. Por esta razón, ten siempre presente que, como líder de equipo, cosechas lo que siembras. Tu equipo actuará de la misma forma en que tú lo hagas.

El respeto —entre el equipo y para el equipo— debe ganarse. Este hecho en sí mismo es lo correcto de hacer, pero es innegable que también tiene un impacto profundo en el desempeño de los equipos y en su capacidad para ganar tanto visibilidad como los recursos de otros. *Respetar*, como verbo, no es una acción pasiva; por el contrario, implica todas las acciones que ocurren dentro y fuera del grupo con el fin de desarrollar y mejorar sus habilidades y capacidades, y para mostrar cómo este contribuye al éxito de los demás. Tu trabajo como líder y constructor de equipos es tomar la iniciativa destacando las habilidades de cada miembro y articular de qué manera estas contribuirán al grupo. Recuerda, el ser humano es intrínsecamente egoísta. Pensamos en nosotros antes de pensar en lo demás. Tu atención e interés en las capacidades de una persona les transmiten las fortalezas de esa persona a los compañeros de equipo que tal vez no son conscientes de ellas. Cuando tú realizas esta acción de reconocimiento, la gente tiende a corresponderte abriendo sus ojos y su mente para ver las fortalezas que hay en los demás.

El respeto mutuo es un poderoso adhesivo cuando el equipo se encuentra bajo presión. Las personas que se sienten respetadas actúan más confiadas cuando se trata de expresar sus ideas, pues no tienen que desperdiciar su energía pensando en cómo no parecer ridículas; más bien, se enfocan en el uso de sus habilidades para ayudarle al equipo a resolver cualquiera que sea el problema. En pocas palabras, el respeto genera mayores niveles de contribución. Cuando creas un ambiente de respeto mutuo, también eliminas el miedo a ser ignorado, avergonzado o victimizado. Como vimos en el capítulo anterior, eliminar el ego y el miedo también hace posible que tus compañeros de equipo reconozcan sus propios errores y tomen las medidas necesarias para aprender de ellos y crecer.

Recibes lo que das

Existen tres acciones relacionadas con el respeto a las que yo llamo las tres Rs: tener en cuenta (*realize*), reconocer (*recognize*) y exigir (*requiere*). Estas acciones establecen un ambiente de respeto que, cuando se entrelaza con la confianza que has construido y el rumbo que has establecido, estás construyendo una plataforma que dará como resultado la formación de compañeros de equipo empoderados.

Así es como yo defino las tres Rs vinculadas al respeto:

1. **Tener en cuenta** *(Realice):* El respeto proviene de dos vertientes: una es tu autoridad y la otra son tus acciones. Sin embargo, el respeto que te ganas debido a estas últimas es más valioso y más sostenible que el resultante de la primera.

2. **Reconocer** *(Reconognize):* El respeto se deriva de los resultados. Como líder y constructor del equipo es tu trabajo dar a conocer y reconocer los superpoderes de cada uno de tus compañeros.

3. **Requerir** *(Requiere):* El respeto no es un bien, simplemente, agradable de tener. Más bien, es un requisito y es esencial tanto brindarlo como recibirlo.

Además de establecer y comunicar cuál es la dirección del equipo y el progreso que se espera de este, tu papel principal como líder es detectar cuáles serán aquellas habilidades y capacidades que asegurarán su *éxito*. Quizá, tengas un equipo maravilloso y confiable, pero si ellos no tienen las habilidades y capacidades necesarias para lograr la tarea en cuestión, será muy difícil alcanzar el éxito. Desde la etapa de contratar hasta la de conservar tu gente, respetar las contribuciones que tus colaboradores le hagan al grupo es esencial para construir unidad. Tu posición de poder te da una ventaja, pero si tus acciones no apoyan un ambiente de respeto, no esperes conformar un equipo imparable. Desafortunadamente, muchos líderes se esconden detrás de su autoridad y la usan como excusa para no seguir cumpliendo sus promesas. Peor aún, algunos son tan inseguros o tan orgullosos que se sienten amenazados por gente con mejores habilidades y no están tranquilos hasta que no encuentren razones para deshacerse de ellos. ¿Los resultados? Un grupo de individuos que rodea a un líder débil e inseguro, que usa su posición para exigir respeto en una sola vía. Esta dinámica se manifiesta con mucha frecuencia en empresas en quiebra y en países con problemas; el miedo es un sustituto pobre e incluso peligroso del liderazgo.

Cuando los líderes reconocen abiertamente las contribuciones de otros, ¿adivina qué pasa? Los compañeros de equipo quieren contribuir más. Por muy egoístas que seamos los seres humanos también está en nuestra naturaleza querer contribuir a una causa, a algo más grande que nuestras propias metas y nuestros intereses personales e individuales. Los mejores miembros de equipo se dan cuenta de que nunca son tan fuertes solos como lo son cuando están rodeados de otros que le aportan al equipo diversas perspectivas y diferentes niveles de experiencia. De esta forma, el equipo termina por reconocer su interdependencia y se nutre del respeto mutuo para hacer las cosas. En mi caso, experimenté este sentido de propósito compartido en el SEAL Team, pero también lo he experimentado, por ejemplo, liderando a un grupo de acción comunitaria hasta conseguir que nos aprobaran un bono escolar de $30 millones de dólares.

Las tres Rs en acción

A finales de agosto de 2014, un domingo por la tarde, mi esposa y yo nos encontrábamos solos mientras nuestros cuatro hijos jugaban con amigos en nuestra calle. No tenemos estos momentos muy a menudo, y cuando disfrutamos de ellos, hacemos cosas muy aburridas como leer el periódico o ver un evento deportivo en la televisión. Esta vez, los periódicos captaron nuestra atención. Acabábamos de empezar a sumergirnos en nuestra lectura dominical cuando, de pronto, sonó el timbre. Fue extraño escucharlo, porque la mayoría de las veces nuestros hijos o sus los amigos entran por la puerta principal sin ni siquiera golpear o saludar. (Y si recibimos un saludo, por lo general, es: "¡Tengo hambre! ¿Cuándo es la cena?").

Nuestra invitada sorpresa era Ashley, una de nuestras elegidas como parte de la junta, quien me saludó con una tenue sonrisa. "Hola, Alden. Eres justo a quien estoy buscando. ¿Tienes unos minutos?". Ashley es una amiga y miembro de la junta desde hace tiempos, a quien respeto por sus años de servicio a nuestra comunidad y con las escuelas públicas locales. En nuestro barrio, las escuelas son el alma de la ciudad. Los padres de familia y los grupos comunitarios recolectamos dinero cada año para apoyar la educación física, el arte, la música, la tienda escolar y los salones de computación, los cuales no están financiados por el Estado, como alguna vez estuvieron. Hoy en día, estos programas escolares son financiados por la comunidad. Mi esposa y yo nos unimos a la campaña comunitaria para ayudar a recaudar estos fondos poco después de que nuestro primer hijo comenzara a ir al jardín escolar. Allí conocimos a Ashley, a través de estos esfuerzos anuales, trabajando en estrecha colaboración con los miembros de la junta escolar. Cuando Ashley llegó a nuestra puerta, mi esposa y yo acabábamos de renunciar después de trabajar dos años al frente de la campaña para recaudar más de $1 millón de dólares anuales con el fin de financiar estas actividades escolares tan esenciales para los chicos de nuestra comunidad.

Ashley no era una visitante habitual de nuestra casa, así que supe que algo raro estaba pasando. Así las cosas, los periódicos dominicales podían esperar. Después de algunas bromas, nos reveló el propósito de su visita. Por una variedad de muy buenas razones, la junta escolar había decidido que ese era el momento de abordar el problema referente a que nuestra escuela estaba superpoblada. El edificio que albergaba desde los niños en etapa de jardín hasta los de quinto grado de primaria había sido construido para 440 niños, pero la inscripción actual era de más de 800. La escuela intermedia, sexto a octavo grados, estaba un poco menos abarrotada gracias a las aulas móviles que estábamos alquilando. La junta escolar había decidido emitir un bono de $30 millones para ampliar los edificios escolares, lo cual tenía todo el sentido del mundo, pero la junta decidió hacer que la ciudad votara con respecto al bono dentro de los 90 días siguientes —un OEEH—. Ese era un calendario muy apretado, lo que hacía aún más desafiante la situación, porque necesitábamos una súper mayoría del 67% que aprobara el propósito del bono, dado que ese fue un año malo para las elecciones.

Mientras Ashley nos explicaba todos estos detalles, mi mente ya estaba volando, tratando de encontrar qué y cómo hacer para conseguir esos votos, pero mis pensamientos no llegaban muy lejos, porque nunca había dirigido una campaña comunitaria a favor de ningún bono. Así que todavía estaba soñando despierto cuando ella me lanzó la pregunta: "Alden, ¿liderarías la campaña?". Miré a mi esposa, quien levantó las manos y dijo: "¡No me mires a mí! ¡Te están preguntando a ti!".

Mi respuesta fue: "Ashley, yo *no* tengo ni la menor idea de lo que implica, ni cómo ejecutar una campaña a favor de un bono".

Ella sonrió y agregó: "Lo sabemos, pero no te preocupes. Existen unos consultores que podrías contratar".

Su respuesta me planteó otra pregunta obvia: "¿Y de dónde voy a conseguir el dinero para contratar a estos consultores?".

Su respuesta fue rápida: "Con el dinero que tu equipo va a recolectar para publicitar la campaña a favor del bono".

Ahora, mi mente sí que iba corriendo y pensé en voz alta: "Déjame ver si lo entiendo: ¿quieres formar un equipo para recaudar unos fondos que nos sirvan para crear conciencia a fin de convencer al 67% de nuestra comunidad para que vote a favor de aumentar sus impuestos?".

Ashley asintió. "Y tienes un poco menos de 90 días para hacerlo... entonces, ¿qué dices? ¿Aceptas?".

¿Cómo podía decirle que no?

Los siguientes 90 días fueron confusos y, en retrospectiva, me alegro de haberle contado a mi equipo de Perfect Fitness lo que estaba haciendo, porque poco sabía que acababa de aceptar un trabajo voluntario de tiempo completo. Tan pronto como Ashley salió de la casa, comencé a escribir los nombres del equipo de ensueño al que le pediría que se me uniera en esta misión. Sería necesario cubrir puestos clave y no solo con personas que tuvieran las capacidades adecuadas; también tenían que estar dispuestas a aportar gratuitamente incontables horas de su tiempo. Ah, y necesitábamos recaudar aproximadamente $35.000 dólares (no deducibles de impuestos, ¡había que agregarlos!) en dos semanas para financiar la campaña. Necesitaba un director financiero, un director de recaudación de fondos y líder en ventas y un experto en relaciones públicas. Y además, un director de concientización —el cargo que requiere de mayor inversión de tiempo— para que corriera la voz. Ashley no lo supo en el momento, pero mi esposa y yo estábamos invitados a cenar esa misma noche en casa de la pareja que acababa de relevarnos como líderes del comité anual de recaudación de fondos de la comunidad, así que supuse que no habría mejor momento que ese para empezar a reclutar. Entonces, les hice una pregunta a los invitados a la cena: "¿A quién aquí le gustaría mejorar nuestras escuelas?".

Pasé 20 minutos recapitulando mi conversación con Ashley y terminé con un final que consistió en una pregunta abierta: "¿Quién se le mide?". Por fortuna, este grupo de 10 amigos eran muy conocidos como voluntarios en la comunidad, y aunque vivían perpetuamente ocupados como padres, ejecutivos y voluntarios a tiempo parcial para todo —bien fuera haciendo coaching hasta llevando la coordinación de los almuerzos escolares—, todos levantaron la mano. Esa noche, fue el primer intento realizado en medio de una campaña de 90 días de trabajo a toda máquina —abriendo cuentas bancarias, llenando papeletas de registro, recaudando fondos puerta a puerta, organizando grupos encargados de hacer propaganda, letreros, calcomanías para los autos, liderando reuniones de alcance a la comunidad, elaborando planos con conceptos de arquitectura, asistiendo a entrevistas en periódicos, escribiendo y contestando comentarios en las redes sociales y por teléfono—. Todo esto se convirtió en parte de nuestro plan. Desarrollamos un eslogan simple: "Sí a Measure D". En unos pocos días, nos habíamos unido cerca de 100 voluntarios para hacerle llegar el mensaje a nuestra comunidad.

Haciendo una comparación con mi entrenamiento en Navy SEAL, el equipo que hizo parte de esa campaña parecía un equipo de equipos, desde el equipo encargado de la recaudación de fondos hasta el de mercadeo, el hecho es que cada equipo tenía un líder —era más como un jugador/entrenador que un jefe—. Los líderes de equipo no solo se encargaban de decirle a la gente qué hacer, pues también ellos realizaban el mismo trabajo que los demás voluntarios, pero también ofrecían orientación y un panorama general acerca de nuestro progreso. Cada voluntario se encargaba de colocar letreros, ir puerta a puerta, organizar reuniones en su casa y participar en "telefonatones". El superintendente de escuelas era parte del equipo, junto con los padres, directores y miembros de la junta. Esta configuración funcionó bien, porque se respetaron los esfuerzos de todos y fueron considerados como esenciales. Algunos voluntarios solo podían trabajar por la noche; otros, solo fines de semana, pero todos sabían que sus esfuerzos estaban marcando la diferencia y eran apreciados. Hacíamos reuniones informales en mi casa para actualizarnos (y además hacíamos actualizaciones electrónicas semanales con respecto al progreso y para resaltar cosas que había por hacer). Mis primeros y últimos comentarios siempre se enfocaban en reconocer y apreciar los esfuerzos de todos. La única forma en que esta campaña iba a tener éxito era mediante la participación masiva centrada en un objetivo: conseguir más del 67% de votos a nuestro favor. Ese era nuestro esfuerzo en común. Nuestro plan se actualizaba y mejoraba constantemente a medida que la gente presentaba nuevas y mejores ideas. Por supuesto, ideas tan buenas como aquellos que estuvieran dispuestos a ejecutarlas. Este sencillo proceso de escuchar y aprender de los demás generó respeto mutuo entre los voluntarios, tanto así que terminamos llamándonos a nosotros mismos el Equipo Bond (fue un juego de palabras). Incluso nos dimos apodos a nosotros mismos y a los demás derivados de las películas de James Bond. Necesitábamos algo de entretención para hacer que el trabajo fuera divertido, sobre todo, cuando teníamos que trabajar en algunas de las tareas menos favoritas del equipo, como hace llamadas en frío. Aquella fue, por decir lo menos, una verdadera experiencia de "unificación".

Estoy seguro de que cometimos todo tipo de errores, pero eso no era en lo que nos enfocábamos. Nuestro objetivo era conseguir que participaran tantas personas como fuera posible para así alcanzar el porcentaje de votación que necesitábamos. No nos preocupamos por los errores; los compartíamos para que no se repitieran y nos manteníamos enfocados en ejecutar acciones diarias que nos condujeran hacia nuestro objetivo.

Nuestro proceso funcionó. Después de exactos 90 días a partir del momento en que Ashley nos pidió ayuda, los esfuerzos del equipo Bond dieron sus frutos, consiguiendo más del 72% de votación a favor. Fue un objetivo complicado, teníamos información incompleta, el panorama cambiaba con demasiada frecuencia, nuestro equipo rotaba personas y, en un momento dado, no sabíamos con exactitud lo que todos estábamos haciendo. En resumen, durante todo el camino, estuvimos al frente de la operación y consecución de un OEEH. Pero los equipos imparables están diseñados para ese tipo de situaciones. Por eso, como líder, es tan importante para ti construir una plataforma de liderazgo sólida que luego, cuando reclutes a tu equipo, te permita implementar un marco de acción CARE. Como líder de este tremendo grupo de voluntarios, intenté no perder la oportunidad de destacar las acciones de todos ellos. Tuvimos éxito gracias a los esfuerzos del equipo Bond (el equipo pro bono). Todo lo que hice fue generar la base de sus acciones. Les serví, ellos le sirvieron a la comunidad y, a su vez, la comunidad respondió aprobando nuestra propuesta.

Esta campaña a favor del bono es un gran ejemplo de formación de equipos en crisis al momento de abordar OEEH. Liderar un equipo de voluntarios puede ser la tarea más difícil para cualquier líder. Los equipos necesitan desempeñarse en tres áreas básicas: crisis, creatividad y productividad. Todos deben poder desempeñarse bien en cada una de las tres. Nuestro equipo a favor del bono se creó, esencialmente, en medio de una crisis (90 días para lograr un objetivo). Así que usamos la creatividad para maximizar nuestros esfuerzos y logramos productividad mediante encuestas que midieran nuestra eficacia. No hubo bonificaciones, ni promociones, ni acciones en juego; lo único que ganamos fue ser parte de una causa a favor de nuestros hijos y un mejor futuro para la comunidad. En un día cualquiera, nuestros "trabajadores" podían optar por dejar de trabajar. Nuestro equipo estaba formado por un 99% de voluntarios (contratamos a un consultor) y el éxito de nuestra campaña dependía por completo de la voluntad de todos para donar tiempo y esfuerzo.

Aquí tienes una pregunta: ¿crees que liderar un equipo de voluntarios es diferente a liderar un equipo de empleados (a quienes se les paga por trabajar) o a un equipo de Navy SEALs? Después de dar tu respuesta, piensa en cómo tratarías a los voluntarios —personas que han decidido dedicar su tiempo libre a trabajar contigo en un objetivo en común—. Si ellos cometen un error, ¿tratas de diferenciarlos de los empleados asalariados o de otros compañeros de equipo? ¿Los motivas de manera diferente? ¿Cómo hablas con ellos? ¿Estás agradecido con ellos por su tiempo y compromiso? ¿O esperas que cumplan tus órdenes? ¿Quién trabaja para quién cuando todo el mundo es voluntario? En cierto sentido, cada equipo está conformado por voluntarios, ya sea que ellos estén recibiendo un salario o no. Los empleados a sueldo pueden presentarse a tu reunión, pero si deseas que ellos se adhieran a tu misión, que se "unan" a ella, entonces, debes tratar a todos los miembros del equipo de la misma manera. Obviamente, existen diferencias en la carga de trabajo y en las expectativas, dependiendo de las circunstancias, pero el enfoque debe ser el mismo. Esa es la razón por la que *todos* somos voluntarios. Si las personas con las que interactúas son SEALs o ingenieros de software, todas tienen la posibilidad de elegir dónde deciden trabajar, cuánto esfuerzo y compromiso están dispuestas a hacer y qué tan comprometidas estarán con el proyecto. Piense en la encuesta de Gallup que mencioné en el Capítulo 3. ¿Están comprometidos tus compañeros de equipo? ¿O solo están presentes? ¿Son imparables o simplemente están disponibles?

Quizá, pienses que los mejores salarios y beneficios atraen a las mejores personas y así podrás sacarles el máximo partido, pero las recompensas convencionales, aunque necesarias, casi nunca producen el nivel de compromiso y respeto mutuo del que estoy hablando. Si quieres motivar a quienes te rodean, deberás establecer el tono adecuado, desde cómo hablar con ellos hasta lo que haces por ellos. Tu equipo observa cada uno de tus movimientos. El respeto exige confianza y viceversa; el uno depende del otro. La confianza proporciona una red de seguridad y el respeto es el combustible que le da energía al equipo en tiempos difíciles. Según la profesora Christine Porath, de Georgetown University, quien realizó un proyecto de investigación a nivel global (con *Harvard Business Review* y Tony Schwartz, Director Ejecutivo de Energy Project) que involucra a más de 20.000 personas: "Cuando se trata de obtener compromiso y participación de los empleados, hay algo que los líderes necesitan demostrar: respeto[1].

Sorprendentemente, esta investigación encontró que más de la mitad (el 54%) de los participantes en este estudio informó que, por lo general, no recibe respeto por parte de sus líderes. La investigación mostró un vínculo directo entre respeto y compromiso. Se observó que los entornos de respeto no solo estaban correlacionados con un alto nivel de compromiso, sino que Porath y sus compañeros de equipo también descubrieron correlaciones positivas entre respeto y desempeño:

> "Aquellos que sienten que reciben respeto de sus líderes informaron un 56% de mejor salud y bienestar, un 1.72% de más confianza y seguridad, un 89% más de disfrute y satisfacción con sus trabajos, un 92% más de enfoque y priorización con respecto a su trabajo y un 1.26% más de significado. Quienes se sienten respetados por sus líderes también mostraron un 1.1% más de probabilidades de quedarse en sus lugares de trabajo que quienes no lo reciben".[2]

Cuando Doug Conant se convirtió en Director Ejecutivo de Campbell Soup, en 2001, él vio el respeto como la piedra angular de su estrategia de cambio. La empresa había perdido más de la mitad de su valor en el mercado, había realizado una gran ronda de despidos y se enfrentaba a una disminución de ingresos. Un investigador de Gallup informó que las estadísticas con respecto al nivel de compromiso de la empresa "fueron las peores para cualquier empresa de *Fortune 500* alguna vez encuestada"[3]. Conant pasó los siguientes nueve años sin perder la oportunidad de mostrar respeto por las contribuciones de las 20.000 personas de Campbell Soup. Él y su equipo de liderazgo desarrollaron la que se conoció como la "Promesa Campbell": "Campbell valorará a la gente. La gente valorará a Campbell"[4]. De manera intencional, Conant lideró haciendo énfasis en la importancia de que Campbell valorara a las personas; él quería que la gente supiera que era valorada y respetada por la empresa. Además, reforzó aquella promesa con 10 puntos en cuanto a cómo pretendía liderar. Su primer punto fue: "Te trataremos con respeto y dignidad". Él mismo envió más de 30.000 notas de agradecimiento con el fin de mostrar su respeto hacia los esfuerzos de los empleados de Campbell. Sus acciones marcaron el tono de sus 350 líderes superiores, quienes las imitaron. Para 2010, la empresa estaba estableciendo mejores registros de rendimiento y superando en cinco veces el Índice S&P 500.

El respeto se gana con tu contribución al éxito y, a veces, es posible hacer una contribución solo cuando te quitas las anteojeras del ego. Con demasiada frecuencia, los creadores de equipos presumen erróneamente que las mejores ideas vendrán solo de los miembros del equipo más experimentados. Sucede incluso en el ejército: "Carne nueva" o "los malditos tipos nuevos", así es como llamaríamos a los recién ingresados al SEAL Team. Teníamos uno en nuestra misión de cazar al Doctor Muerte. Su apodo era Cappy y se ganó un lugar en la misión porque era médico. Le faltaba experiencia en el campo, pero la compensó con creces trabajando duro y escuchando más de lo que hablaba. Dos días después de la caza, recibimos noticias del Coronel Stones, informándonos que estaba a punto de abortar la misión, porque las imágenes que enviábamos estaban demasiado borrosas, pues el enfoque automático de la cámara digital no podía seguir el ritmo de los autos que iban a toda velocidad. Así que, aunque estábamos obteniendo fotografías de la persona que buscábamos, las imágenes no tenían la calidad suficiente para que el general pudiera actuar. Ante eso, le pedí al coronel otras 24 horas, que él nos concedió, y nos pusimos manos a la obra ideando nuevos planes para abordar esa dificultad técnica. Nosotros estábamos en un lugar en el que no podríamos ponernos de pie y realizar una sesión de lluvia de ideas, así que nos acurrucamos debajo de nuestro camuflaje improvisado de ramas y lonas, usando un pequeño cuaderno y susurrando entre nosotros diferentes propuestas. No diferenciábamos entre compañeros de equipo experimentados y novatos como Cappy. Eras o no un compañero de equipo, así que la contribución de Cappy contaba tanto como la de todos los demás, y esa fue una buena cosa, porque su idea salvó la misión.

La idea de Cappy consistió en hacer un bache en la carretera por donde nuestro objetivo, el auto, pasaría. El conductor tendría que reducir la velocidad y hacer un giro amplio para evitar el bache, dándonos así la oportunidad para obtener una mejor fotografía del objetivo. Para esto, usamos nuestras gafas de visión nocturna, luces infrarrojas, radios squad y una herramienta electrónica (pala de atrincheramiento) junto con dos hombres y sus equipos apostados cerca al bache; un equipo excavaría mientras el otro equipo monitorearía el tráfico. Trabajamos toda la noche para cavar el bache inicial y luego practicamos tomando fotos de otros autos durante el día para ver si disminuían la velocidad suficiente para que funcionara el enfoque automático de la cámara. La buena noticia fue que, después de la primera noche, la idea del bache nos ayudó a convencer al Coronel Stones para que no abortara la misión. Cada noche, trabajábamos un poco más en nuestro bache. Ocho días después, conseguimos las fotos que nuestro general estaba buscando; al poco tiempo, el Doctor Muerte fue capturado y llevado a La Haya para ser juzgado por crímenes de guerra. Aunque nosotros éramos solo una parte de una misión multifacética para detener a aquel criminal de guerra, el Coronel Stones estaba tan complacido con el resultado de la misión que nos otorgó medallas de elogio por el logro del ejército estadounidense, debido a nuestras acciones. (Es inusual que una rama de servicio le otorgue medallas a otra rama).

Cuando un pelotón SEAL regresa de un despliegue en el extranjero, el oficial a cargo (que en este caso era yo) organiza una sesión informativa para todos los SEALs. Los informes son una forma poderosa de compartir las lecciones aprendidas para que otros compañeros puedan estar mejor preparados cuando se encuentren en situaciones de peligro. Cuando hablé de esta misión, destaqué específicamente cómo debatimos las diferentes opciones hasta que vimos que la idea de Cappy sería la que salvaría la misión que nos habían asignado. ¿Cómo crees que eso lo hizo sentir? ¿Cómo crees que se sintieron los otros novatos a punto de salir a misiones cuando se enteraron de que el nuevo chico había aportado la mejor idea? Adivina qué pasa cuando la gente siente que sus aportes y opiniones son respetados y tenidos en cuenta. Es apenas obvio que se sientan empoderados y listos a contribuir más. El trabajo de un líder es obtener las mejores contribuciones de sus compañeros de equipo y ayudarles a profundizan y a dar más de sí mismos por el equipo. Al igual que generar confianza y establecer un rumbo a seguir, el respeto también es cuestión de crear hábitos.

Participación y respeto mutuo

Pídele a cualquier aficionado a los deportes que nombre los equipos deportivos más famosos en la Historia y la mayoría te responderá de inmediato con una lista que incluye equipos profesionales como los

Yankees, Patriots, Lakers, Los Bulls y los Celtics. Es obvio que estos serían los que se ubicarían en lo más alto de cualquier lista. Y es fácil comprender esta respuesta, ya que los equipos profesionales obtienen la mayor parte de la exposición televisiva. Sin embargo, los equipos más exitosos de todos los tiempos no siempre son los más famosos. Para el fanático de los deportes, John Wooden, los equipos de baloncesto estándar de UCLA son los representantes máximos del éxito deportivo. En 12 años, sus equipos ganaron 10 títulos de la NCAA, incluidas las inolvidables siete veces seguidas en que quedaron campeones. Desde entonces, ningún equipo ha ganado más de dos campeonatos consecutivos. El entrenador Wooden (1910-2010) hablaba a menudo de su filosofía de entrenamiento y se veía a sí mismo como un maestro. Y junto con un enfoque en tener a su equipo en las mejores condiciones, él siempre quería que sus jugadores experimentaran tranquilidad —sabiendo que se habían esforzado al máximo—; y además, celebraba sus triunfos percibiéndolos como jugadores de equipo, no como individuos superestrellas.

Aunque habló en detalle sobre la construcción de equipos de campeonato, hay un tema que nunca discutió con sus equipos: el de ganar. Él no quería que sus equipos se concentraran en ganar; en lo que él quería que ellos se concentraran era en dar sus mejores esfuerzos a favor del equipo, respetándose unos a otros y eliminando el ego del juego. Por eso, les recordaba constantemente: "Se logra mucho con el trabajo en equipo cuando nadie se preocupa por quién obtiene el crédito"[5].

Ningún equipo universitario antes o después del entrenador Wooden ha replicado las actuaciones, ni los resultados de sus equipos. Existe una gran cantidad de entrenadores en el mundo del baloncesto, como el entrenador Geno Auriemma, de UConn, y el entrenador Pat Summitt, de Tennessee, que en tiempo record lideraron sus programas de entrenamiento para que las mujeres también participaran en campeonatos de baloncesto a nivel profesional. También vale la pena mencionar a Auriemma y Summitt, puesto que ellos se suscribieron a la misma fórmula para el éxito que implementó el Coach Wooden: conexión, logro, respeto y empoderamiento. Sonará trillado el hecho de practicar los principios del marco de acción CARE y usar palabras como *amor, res-*

peto y verdad en el contexto de los negocios, pero será trillado solo si no aceptas con sinceridad estos principios en cada acción que realices, si tú mismo, como líder, no los encarnas, ni como miembro del equipo, ni como organización. En cambio, si tus palabras coinciden con tus acciones, no fallarás. Ni tampoco tu equipo. Pregúntale a alguien que haya sido miembro de un equipo imparable, ya sea un jugador de baloncesto, un miembro de un comité ejecutivo o un SEAL, y escucharás lo mismo: no ganamos porque temiéramos perder; ganamos porque no queríamos decepcionarnos unos a otros.

Existe la idea errónea de que los mejores entrenadores son los más crueles, los más gritones, los más ruidosos o los estrategas más inteligentes. No es verdad. Aunque el buen juego es ciertamente útil, ya que las buenas decisiones comerciales y las estrategias inteligentes les ayudan a las empresas a prosperar, lo que separa a los equipos promedio de los asombrosos son aquellos entrenadores que saben responsabilizar a sus jugadores por sus acciones dentro y fuera del campo; ellos saben que cuidar a sus compañeros de equipo es un compromiso de 24 horas al día, 7 días a la semana. Por eso, cuanto mayor sea el interés que demuestres como líder, mayor será el interés que tus jugadores (y tus compañeros de equipo) mostrarán por los objetivos del equipo. Si todos los jugadores lo dan todo —esta es la "tranquilidad" a la que el entrenador Wooden se refería—, entonces, ellos saben que no fallarán y que el equipo los apoyará. De ese modo, jugarán con alegría, no con miedo.

A lo mejor, este tipo de conversación sonará utópico e incluso ligeramente espiritual. ¿Y sabes qué? ¡Lo es! Observa el programa de fútbol de La Salle High School, en Concord, California. Ellos establecieron el récord nacional de la mayor cantidad de victorias consecutivas, ganando 151 veces seguidas. Estuvieron invictos desde 1992 hasta 2004, duplicando de sobra el récord anterior de 72 victorias seguidas. Su entrenador, Bob Ladouceur, afirmó que el secreto de su éxito consistía en crear un entorno donde el amor impulsara el plan de juego para así lograr hacer un esfuerzo perfecto. Sin duda, el entrenador Ladouceur y su equipo eran buenos para armar jugadas y comprender su nivel de competencia, pero lo que marcó la diferencia fue su compromiso auténtico del uno con el otro. Ladouceur exigía que todos los jugadores "hicieran el esfuerzo perfecto de principio a fin". Y ellos lo hacían, porque él y sus entrenadores veían a sus equipos no como grupos de deportistas, sino como miembros de la familia.

Los jugadores que se jactaban de sus propias habilidades y buscaban reconocimiento personal eran marginados e incluso desterrados si no cambiaban sus formas egoístas por el desapego requerido en aras de alcanzar el éxito del equipo. El entrenador Ladouceur no estaba interesado en lograr temporadas perfectas para su propia gloria, ni usó esos logros como un trampolín para alcanzar oportunidades de entrenamiento mejor remuneradas, aunque tenía muchas ofertas. Más bien, prefería dar el ejemplo de humildad que esperaba que sus jugadores siguieran. Él sabía que sus "chicos" eran observadores y que sus acciones y las acciones de sus entrenadores les daban ejemplo a sus equipos. En su libro sobre Ladouceur y los espartanos de La Salle, *When the Games Stands Tall*, el periodista Neil Hayes se refirió así al entrenador:

> "Los chicos respetan la verdadera humildad, así como el hecho de que tú defiendas algo más que el simple deseo de ganar. Si representas más que eso, ellos lucharán a tu favor y en defensa de tu programa. Todo se reduce a lo que tú creas como persona, y estoy hablando de cómo crees que se deba vivir la vida y cómo se deban tratar a las personas. Los chicos ven todo eso. Es todo un compendio de cosas que tienen que ver no solo con pararse frente a un equipo con una tiza en la mano. Quizá, sepas a quién bloquear y a quién llamar a jugar, pero nada de eso tiene sentido a menos que ellos sepan quién tú eres. Nuestros jugadores no luchan por ganar. Están luchando por una causa a la que nosotros defendemos"[6].

Fuera del campo, Ladouceur daba clases de religión. Como John Wooden, él también quería educar a sus alumnos en habilidades para la vida. Como todos los líderes imparables, estos dos entrenadores buscaban un mayor propósito; ganar era el subproducto de un esfuerzo perfecto en el campo de juego y en la vida.

Ahora, veamos otro ejemplo de un gran entrenador de fútbol de secundaria. Se trata del gran Joe Ehrmann, un ex profesional de la NFL, jugador defensivo del Tazón que se convirtió en pastor y entrenador de un equipo de niños de una escuela en Gilman, ubicada en el centro de la ciudad de Baltimore. Sus metodologías relacionadas con el éxito de los entrenadores están desglosadas en el libro *Season of Life*. El hecho es que él les enseñó a sus pequeños jugadores cómo cuidarse el uno al otro tan profundamente que se desarrollen lazos de amor entre ellos. Estas conexiones son tan fuertes y se refuerzan de manera tan consistente que los jugadores dan por voluntad propia todo lo que tienen y más de lo que creen que tienen con tal de apoyarse los unos a los otros. Su enfoque en la construcción de equipos se basa en la máxima expresión de interés por los demás: el amor.

Veamos también un deporte que es muy cercano y querido para mí, el epítome de los deportes de equipo: me refiero al remo practicado por equipos de ocho remeros. Los mejores equipos reman como uno solo, como un todo. No hay jugador más valioso, ni el mejor anotador, ni ningún corredor con la mayor cantidad de yardas ganadas. El remo en ocho tiene un solo objetivo: remar perfectamente al unísono y avanzar más rápido que la competencia. El esfuerzo requerido para hacer esto es exigente desde el punto de vista físico y además es francamente doloroso. Los fisiólogos especializados en ejercicio han equiparado la cantidad de esfuerzo que hacen los equipos de élite de ocho remeros con el hecho de jugar dos partidos de baloncesto profesional corriendo de espaldas. El dolor es tan intenso durante estos cinco minutos y medio de ejercicio que los remeros suelen desmayarse al final de la carrera. Todos los equipos de remo de élite están bien acondicionados y técnicamente capacitados, pero los mejores también están dispuestos a afrontar malestar físico extremo. ¿Por qué? Porque están al servicio del otro y al de sus objetivos compartidos.

Pocos equipos deportivos han sido tan imparables como el equipo de ocho remos de EE. UU. en la categoría de mujeres. Ellas ganaron todas y cada una de las competencias internacionales, desde campeonatos mundiales (cada año) hasta medallas de oro olímpicas entre 2006 y 2016. Fueron 11 medallas de oro olímpicas y mundiales consecutivas. El único equipo en ganar más campeonatos del mundo fue el de hockey que participó durante la era soviética de mediados de la década de 1960 hasta la década de 1970. Y aquí está la sorpresa: a diferencia del baloncesto masculino o los equipos de hockey soviéticos, el equipo de remo femenino no dependía de las estrellas que regresaban para ganar temporada tras temporada. De hecho, solo una remera permaneció consistentemente en la alineación durante 6 de los 11 campeonatos consecutivos. Se trató de Meghan Musnicki. La única otra constante a través de esos años ganadores fue la participación del entrenador Tom Terhaar. A menudo, considerado un enigma por su estilo tranquilo y reservado de escuchar el doble de lo que hablaba, este padre de cuatro hijos evitaba ser el centro de atención y sabía cómo redirigía su luz sobre sus deportistas. En sus palabras: "Esto no se trata de mí. Los entrenadores no reciben medallas"[7].Cuando se le preguntó sobre el estilo de entrenamiento del entrenador Terhaar, Musnicki, respondió efusivamente: "Él es un entrenador increíble. Es audaz. Nos exige bastante y espera mucho de nosotros, pero vale la pena. Yo no estaría aquí si no confiara en él y si él no hubiera puesto su fe en mí como deportista"[8].

Al igual que para otros entrenadores imparables, las marcas que le dan identidad al enfoque de Terhaar son la humildad, una ética de trabajo generosa, confianza, respeto y la capacidad de esforzar a sus deportistas hasta llevarlos más allá de lo que ellos pensaban que era posible. Susan Francia, dos veces medallista olímpica de oro con el entrenador Terhaar, manifestó: "Fue muy duro y a veces lo odié, pero siempre lo respeté. Él me llevó más allá de los que yo creía que eran mis límites, a alcanzar logros que yo no sabía que fuera humanamente capaz de conquistar. Creo que nunca hubiéramos ganado la medalla de oro sin él"[9].

Ser un líder basado en el marco de acción CARE no significa ser "blando" con tus compañeros de equipo. Por el contrario, significa interesarse en ellos tanto como para llevarlos a realizar su mejor esfuerzo. Durante 11 años, el entrenador Terhaar logró establecer el estándar merecedor de oro gracias a este tipo de excelencia desinteresada y exigente a la vez. Como dice Katelin Snyder, una remera de 28 años, nacida en Detroit, siempre a cargo del timón: "Tú no vas rápido para vencer a otra chica… vas rápido siendo tu mejor yo y trayendo contigo a esa chica"[10].

El respeto mutuo en la formación de equipos no se trata de crear amistades, aunque no te sorprendas cuando desarrolles amistades con personas por las que muestras respeto; se trata de saber reconocer las contribuciones que aportan los demás. De cierto modo, la formación de equipos es una paradoja, porque se requiere de diferentes conjuntos de habilidades para tener éxito, sin embargo, el respeto solo se logra a través de la unidad. Los equipos más poderosos son aquellos que tienen una gran habilidad *y* una unidad férrea.

Demuestra que te importa

Ser el jefe, tener un título despampanante y situarte en la parte superior del organigrama te proporcionará solo un pequeño barniz de respeto por parte de los miembros de tu equipo. Si tus acciones no apoyan tu posición de autoridad, serás ineficaz como líder.

Si en realidad quieres ser alguien a quien otras personas estén dispuestas a seguir, debes estar dispuesto a dejar ir tus propias inseguridades y miedos. El respeto que esperas recibir de tu equipo también depende de que tú les muestres respeto a ellos. Debes reconocer tus propias limitaciones con un corazón abierto al mismo tiempo que reconoces de todo corazón y aplaudes las contribuciones de tu equipo. La responsabilidad de un líder no solo consiste en generar confianza y establecer el rumbo a seguir, sino que también implica crear un entorno de mutuo respeto, de tal forma que los compañeros de equipo se sientan libres de expresar sus opiniones, de debatir opciones y, en última instancia, de tomar medidas sin temor a hacer el ridículo. De ahí es de donde provienen el verdadero poder y la autoridad del líder.

Como líder, no tomarte demasiado en serio, ni dejarte cegar por la ambición y el poder suele ser un desafío. Cada líder, todo ser humano, es susceptible a estas tentaciones. Sin embargo, los grandes líderes encuentran formas de aplacar estos impulsos y de mantenerlos bajo control para no ser víctimas de comentarios irrespetuosos, ni hacer cosas que los hagan lucir bien a expensas de su equipo. Lo sé porque yo también he estado allí. Somos propensos a arremeter de manera indiferente e irrespetuosa cuando nos sentimos amenazados o inseguros de nosotros mismos —que es exactamente en el tipo de situación en la que se encuentran los equipos imparables todo el tiempo—. Reaccionamos demasiado rápido y con demasiada brusquedad o saltamos a conclusiones permitiendo que nuestras emociones tomen el control o dejamos de escuchar lo que nos dicen los demás.

Liderar un equipo puede ser estresante y, cuando nos encontramos bajo presión, es muy factible que actuemos de tal manera que las cosas empeoren, provocando respuestas negativas en otros en lugar de disminuir las posibilidades de que surjan momentos difíciles y aprovechar para construir respeto mutuo. Los líderes pueden ser constantes fuentes de fortaleza para sus equipos o sus peores enemigos. Nuestras emociones funcionan en esas dos vías. Como muestra la neurociencia, las emociones nos abruman de formas tanto positivas como negativas, sobre todo, cuando tu equipo te da malas noticias o el olor a fracaso pulula en el aire. Entonces, la siguiente es una técnica que he usado para ayudarme a mí mismo a administrar mis emociones y evitar reacciones negativas en los momento de efervescencia y calor.

Me obligo a dejar de hablar, a permanecer erguido y a tomar tres respiraciones profundas y controladas. Respiro durante tres segundos, mantengo el aire durante tres segundos y luego exhalo durante tres segundos y hago una pregunta al final de cada exhalación. No respondo hasta que haya escuchado las respuestas a estas tres preguntas. A veces, me las hago a mí mismo; a veces, se las hago a quienes están a mi alrededor; a veces, hago las dos cosas:

1. ¿Qué pasó?

2. ¿Qué estabas tratando de lograr?

3. ¿Qué vas a hacer al respecto?

Recuerda, la personalidad del equipo es un reflejo de la personalidad del líder del equipo. Por lo tanto, si permites que tus emociones nublen tu juicio, si retrocedes sin buscar primero comprender el cuadro completo, estás configurando un mal ambiente anímico. Mejor, será que mantengas la calma (para eso es que te sirve practicar la respiración profunda) y hagas preguntas que te ayuden a comprender qué está pasando, qué desafíos enfrenta el equipo, qué emociones negativas y miedos están afrontando. Así, les ayudarás a sentirse respetados y ellos se sentirán lo suficientemente seguros como para compartir información vital contigo en aras de salvar su misión del fracaso. Como líder, tus acciones siempre están bajo supervisión; constantemente, estás siendo observado por todos los que te rodean. Entonces, la forma en que te manejas durante los tiempos más difíciles (un fracaso, una gran lucha o ambos) será la medida de tu liderazgo. En caso de duda: ¡respira, pregunta y repite!

Capítulo 6

CONSTRUYENDO EMPODERAMIENTO

A partir de la década de 1970, Recording Industry Association of America siguió durante tres décadas la práctica del registro individual de las empresas mediante la introducción de ciertos reconocimientos en ventas a óptimos niveles los cuales fueron nombrados con metales preciosos para reconocer a las empresas más populares y exitosas. Fue entonces cuando se le otorgó un disco de oro a un artista cuyo álbum vendió 500 mil ejemplares; el platino estaba reservado para álbumes que superaran el millón de unidades en ventas. La industria del fitness no tiene un sistema de premios en ventas como este. Los expertos en el campo solo los llaman productos exitosos, una gran invención o, sencillamente, dicen: "Tuviste suerte". En otras palabras, la nominación que existe para un artista o una empresa de éxito que surja de la nada, domine el mercado durante una temporada y luego se desvanece en el olvido es decirle que tuvo "un golpe de suerte". Si eres un artista en la industria de la música o un emprendedor en el campo de la alta tecnología, lograr un hit de maravilla es genial, pero repetirlo es aún mejor.

Cuando Perfect Pushup se convirtió en un gran éxito, nada me irritaba más que el hecho de que me catalogaran como un empresario que dio "un golpe de suerte". Si Perfect Pushup hubiera sido un álbum musical, habría recibido múltiples premios de platino en su primer año. En cambio, lo que obtuvo fue una gran cantidad de comentarios por parte de los veteranos de la industria que, en esencia, me decían: "Disfrútalo mientras puedas. Tuviste suerte, chico". Sin embargo, durante los siguientes ocho años, cinco más de nuestros productos — Perfect Pullup, Perfect Multi-Gym, Perfect Ab Carver, Perfect Cooling Towel y Perfect Smartphone Armband— obtuvieron el equivalente al status de platino y varios otros se vendieron a nivel "medalla de oro". Así que ya nadie podía decirme: "Tuviste suerte, chico". Este éxito se debió a que creamos un sistema para desarrollar productos que se vendieran por millones. ¿Cuál fue el secreto del equipo que estuvo al frente de estos productos tan exitosos? Su empoderamiento.

Nuestros productos no provinieron de un genio inventivo, sino de todo un equipo. Cada persona en el equipo era dueña de la idea del proceso del producto. Cuando la gente es propietaria, piensa desde el punto de vista cooperativo, comparte ideas, prueba nuevos conceptos y se concentra en encontrar la mejor idea sin importar a quién se le ocurra. Actúa *desinteresadamente*. En pocas palabras, el empoderamiento, acción que cierra el marco de acción CARE, depende a su vez de tres acciones: educar, habilitar e involucrar.

Es importante señalar que el marco de acción CARE no es una secuencia lineal, sino un círculo virtuoso, una serie infinita de acciones repetibles que se basan y dependen de las acciones del otro. Tan pronto como hayas empoderado a las personas, debes prestarle atención al hecho de renovar la conexión que impulsó esa reacción imparable de tu equipo. Los equipos se unen para lograr metas específicas que, una vez se logran, quizá el equipo se disolverá o se reconstituirá a favor de nuevos objetivos, razón por la cual deberás seguir renovando los lazos que lo unen. Este es un proceso saludable y natural; es bueno no solo para los integrantes del equipo, sino también para la propia organización.

Empoderar a las personas es darles responsabilidades y autoridad. Parecería una fina línea de demarcación, pero es una distinción significativa en el proceso de la formación de equipos. Darles a tus colaboradores la autoridad necesaria para tomar decisiones sin que ellos se vean obligados a consultar contigo para obtener tu aprobación es una manera de llevarlos a empezar a pensar en sí mismos como propietarios, no como empleados. Los miembros de un equipo también deben aceptar el marco de acción CARE en su trato con los demás. Este rasgo del marco de acción CARE te ayuda a mantener alineados, inspirados y empoderados a tus equipos, pero sobre todo, se convierte en una herramienta que todos los miembros utilizan para empoderarse y asumir roles de liderazgo más importantes.

Nada les demuestra más a las personas que en verdad te interesas por ellas que cuando les dedicas tiempo para ayudarlas a aprender nuevas habilidades. Sin embargo, ten cuidado: *decirle* a la gente lo que tú sabes (y lo que ellos *no* saben) no es lo mismo que *enseñarles*. El empoderamiento no es una tarea que puedas marcar en tu lista de cosas por hacer; más bien, es una actitud que vas ayudando a desarrollar con el paso del tiempo y que depende de la creación de un entorno donde cada persona del equipo comparta las lecciones aprendidas y sienta la responsabilidad de entrenar y apoyar en su crecimiento a otros miembros del equipo. Como todo lo demás, comienza y termina contigo, el líder. En cierto sentido, tú estás en el centro del marco de acción CARE, haciendo andar al equipo e impulsándolo a continuar en constante movimiento hasta que la responsabilidad sea de todos, cada uno nutriendo al otro y buscando nuevas formas de hacer el trabajo. Eso es empoderamiento.

La geometría de la capacitación

Piensa en la capacitación como un triángulo. Cada lado de este triángulo expresa una de las tres formas de capacitar a los miembros de los equipos. Idealmente, quieres formar un triángulo equilátero, es decir, uno en el que los tres lados sean iguales. Así es como defino cada uno de estos tres lados:

- **Capacitación mutua:** Esta es una capacitación interna, y a menudo informal, impartida a través de lecciones aprendidas, mejores prácticas, sesiones informativas o actualizaciones vía correo electrónico compartidas entre compañeros de equipo.

- **Capacitación externa:** Suele ser una formación más formal proporcionada por profesionales externos que, a menudo, representan campos de especialización inusuales o diversos.

- **Capacitación alterna:** Este tipo de entrenamiento le da a la gente la oportunidad de poner en práctica sus conocimientos al mismo tiempo que trabaja. Este aprendizaje, obtenido trabajando y haciendo a la vez, suele incluir tutoría y también coaching.

Cuando creas un sistema para capacitar a tus compañeros de equipo construyendo los tres lados del triángulo, el equipo aprende a identificar y desarrollar el "saber qué", el "saber por qué" y el "saber cómo" que les permita alcanzar metas y generar más confianza y capacidades mediante las cuales pueda desempeñar roles futuros. Con demasiada frecuencia, los líderes subcontratan capacitaciones realizadas por terceros, centrándose solo en fuentes externas que sean útiles, pero que no preparan a los equipos para OEEH. Para estar seguro, la educación externa es una parte importante del empoderamiento, pero solo si los otros dos lados del triángulo están igualmente bien desarrollados. Tanto la capacitación mutua como la externa son igualmente valiosas. En efecto, los tres tipos de capacitación, no un estilo a expensas de los otros dos, son los que empoderarán a tu equipo. Cuando yo lideraba pelotones del SEAL Team, pasábamos entre 12 y 18 meses preparándonos para misiones en el extranjero. (Los programas de capacitación se han acelerado desde entonces, debido a cambios en las operaciones). Durante la capacitación previa a nuestros despliegues, casi la mitad de nuestro tiempo de formación estaba dedicado a implementar habilidades específicas como entrenamientos con francotiradores, dominio de distintos tipos de saltos o hacer combates de buceo. Sin embargo, también participábamos en actividades relacionadas con programas de formación destinados a ampliar nuestras perspectivas y conocimientos y, por lo tanto, a aumentar las capacidades de los miembros del equipo, así como su nivel de confianza. Había escuelas civiles dirigidas por ex showmen de Las Vegas, deportistas olímpicos y conductores de NAS-CAR. Parte de lo que hace que un SEAL Team sea tan exitoso es el hecho de centrarse en el entrenamiento de guerra no convencional y en un proceso de aprendizaje que apoye el pensamiento no convencional.

Los showmen de Las Vegas que sabían lanzar cartas hacia arriba nos enseñaban en qué consiste el arte de la adquisición rápida de objetivos. Los deportistas olímpicos nos mostraban por ejemplo cómo nadar más rápido y más eficientemente. Los conductores de NASCAR les mostraban a nuestros conductores cómo usar un automóvil como arma y como fuerza de bloqueo.

Los pelotones de los SEALs están en un ciclo de aprendizaje continuo. Los comandantes y sus comandantes auxiliares están allí por un tiempo más bien corto: 18 a 24 meses. El personal directivo de alto nivel también está en ciclos de rotación similares. Entrenar a la próxima generación es primordial para mantener competitivo al SEAL Team en el mundo de las guerras asimétricas. Invertir en la capacitación de nuestros compañeros de equipo más jóvenes y menos experimentados no solo mejora su confianza y sus habilidades, sino que además les permite participar en proporcionar información reflexiva en la planificación y ejecución de la misión. El viejo dicho, "una cadena es tan fuerte como su eslabón más débil" es apropiado cuando se trata de la formación de equipos. Por eso, en los pelotones SEAL, los miembros más experimentados se emparejan con los menos experimentados. El equipo más pequeño es un equipo de dos; en el SEAL Team los llamamos pareja de natación. Cuando llegan los novatos, ellos estarán emparejados con compañeros de equipo con más conocimientos y experiencia. La idea es reducir lo más rápido posible la brecha de conocimiento y capacitar a los miembros más nuevos y, por lo tanto, fortalecer los eslabones más débiles. Educarnos unos a otros es tarea de todos. Una lección aprendida no se aprende sino hasta que se le haya compartido y enseñado a los compañeros de equipo.

Capacitación mutua

¿Recuerdas el juego de salto con el que te divertías cuando eras niño durante las clases de gimnasia? El equipo formaba una línea recta en la que cada participante se ubicaba a dos brazos de quien tuviera adelante y detrás de él. Entonces, todos menos el primer saltador, se arrodillaban y quedaban en sus cuatro extremidades y la última persona en la fila saltaba sobre cada uno de los que tuviera en frente. Cuando cada participante terminaba sus saltos, gritaba "¡siguiente!" o el nombre del próximo en la línea. Era una carrera por equipos que solo se podía ganar asegurándose de que todos saltaran sobre la espalda de aquellos que estuviera en frente. Pues bien, este tipo de capacitación al que me refiero aquí es muy parecido a este juego: el objetivo es ayudarte a avanzar con nueva información que te permita aprender más; así, cuando avances, tu labor será compartir ese aprendizaje con otros y ayudarles a dar el salto hacia adelante formando así una ola de aprendizaje inagotable.

Como líder, cuando tienes una mentalidad de capacitación mutua, te resultará difícil identificar cuál es tu eslabón más débil, porque los miembros de tu equipo siempre están educándose unos a otros. Este tipo de mentalidad educativa les permite a los SEALs y otras unidades de operaciones especiales ser flexibles en lo referente a operar con una amplia variedad de dinámicas de equipo. Por ejemplo, semanas antes de que fuéramos en una misión a Bosnia, el suboficial al mando de nuestra unidad me presentó dos misiones que ocurrirían de manera simultánea, pero en lugares muy diferentes: Bosnia y el Congo. La misión de Bosnia implicaría la caza de un criminal de guerra, mientras que la misión del Congo consistía en ayudar a una embajada de Estados Unidos. Entonces, en el momento de cumplir estas dos misiones, tuvimos que dividir nuestro pelotón en dos equipos más pequeños y agregar unos especialistas, como pilotos expertos en el combate y técnicos en artefactos explosivos. Así las cosas, me fui a Bosnia con unos especialistas y mi jefe se fue al Congo con un equipo que navegaría un barco especial para atravesar el río Congo. Él estaba empoderado para cumplir con su misión, porque tenía la formación, la confianza, la responsabilidad, y la autoridad para hacerlo.

Unas palabras sobre los suboficiales jefes: ellos son quienes tienen más experiencia en el SEAL Team. En la mayoría de los casos, son ellos quienes entrenan a los pelotones de comandantes. ¡Ese fue ciertamente mi caso con mi jefe! Él y yo hicimos controles de rutina para evaluar el progreso y compartir información sobre ambas misiones, pero nuestra comunicación no era jerárquica; él no se estaba reportando conmigo, ni pidiéndome permisos. Simplemente, nos informábamos el uno al otro sobre lo que estábamos experimentando y aprendiendo. Este tipo de comunicación "plana" o no jerárquica puede ser difícil o imposible de implementar si primero no se han desarrollado la confianza, la dirección y el respeto mutuo. Al evaluar cuál idea es mejor, los egos deben estar controlados de tal forma que las ideas sean evaluadas con objetividad, puesto que el propósito primordial es decidir cuál de todas brinda el mejor curso de acción. Someter los egos significa evaluar ideas basándose en el mérito que ellas tengan, sin preferencia por un rango, ni por una posición jerárquica.

La capacitación adecuada es el primer paso para empoderar a las personas para que vayan más allá de lo esperado, pero se requiere de un compromiso activo por parte del líder. Tan pronto como alguien en el equipo SEAL regresa de una capacitación, sus nuevos aprendizajes son utilizados en una misión de entrenamiento. Los francotiradores tienen la oportunidad de disparar, los expertos en salto dejan practicar a los nuevos saltadores, los conductores lideran convoyes y todo esto lo hacen frente a sus compañeros. Tres cosas suceder cuando tú como líder permites que tus compañeros de equipo les muestren a sus compañeros sus nuevas habilidades: construyes confianza y respeto y los animas a todos a seguir desarrollando sus nuevas habilidades.

Capacitación alterna

El entrenamiento alternado con el trabajo ocurre solo cuando las personas reciben la responsabilidad de poner en práctica lo que están aprendiendo. En el SEAL Team, nuestro mantra de entrenamiento es "entrena como peleas". La capacitación alterna funciona de la misma manera y es, diría yo, el mejor estilo de entrenamiento que puedes darle a cualquier equipo. Sin embargo, este enfoque es solo tan bueno como sea tu disposición como líder para entregarle el control a tu gente. Tanto tu opinión como la retroalimentación de tus compañeros son componentes esenciales para hacer que este tipo de entrenamiento resulte eficaz. La distinción entre capacitación mutua y la capacitación alterna es que la primera consiste en compartir lecciones aprendidas, mientras que la segunda se enfoca en permitir que el miembro del equipo adquiera nuevas experiencias y rinda cuentas sobre sus resultados, aprovechando todas las oportunidades de entrenamiento y de mejorar que se le presenten durante su jornada laboral.

Durante la etapa de entrenamiento SEAL, las sesiones más desafiantes de capacitación alterna son los simulacros de contacto. Este entrenamiento a fuego vivo se hace usando balas reales, no espacios en blanco y es tanto peligroso como intenso. El concepto básico detrás de los ejercicios de contacto es entrenar cada pelotón para todo tipo de enfrentamientos enemigos en diferentes escenarios. Además de prestarle atención al campo de fuego de uno (un área de responsabilidad de tiro de cada persona), todos deben estar preparados para tomar una decisión. Como no puedes controlar dónde ocurra un enfrentamiento enemigo, los instructores SEAL inician los simulacros de contacto allí donde los pelotones sean más vulnerables. El simulacro podría comenzar mientras cruzas un río, una carretera o un campo o caminando por un valle. Es responsabilidad de todos estar atentos al enfrentamiento enemigo. Para hacerlo más desafiante, los instructores eliminarán las personas clave encargadas de tomar decisiones del pelotón, como el comandante de pelotón o el jefe o líder suboficial, para así obligar a otros a exigirse más a la hora de tener que tomar decisiones. En los pelotones SEAL, estos momentos son llamados simulacros sin líder, puesto que los ejercicios planeados le dan a cada individuo la experiencia de hacerse cargo del progreso y la seguridad del grupo. ¡Qué experiencia! Cada participante debe dar un paso en algún momento para liderar al resto del pelotón. Ejercicios como este les enseñan a los equipos a desarrollar empatía y respeto por los desafíos que conlleva tomar las decisiones (literalmente, en este caso) y también ponen a cada miembro del equipo en una posición de autoridad para que practique y esté listo para liderar en cualquier momento. En el lugar de trabajo no tenemos enemigos disparándonos, pero sí tenemos competidores con los cuales lidiamos. Nos enfrentamos a la incertidumbre y es probable que nos encontremos en situaciones donde los compañeros de equipo no estén disponibles para cumplir con su rol habitual, debido a vacaciones, sabáticos o licencias familiares. Los mejores programas de capacitación alterna les brindan a los participantes la oportunidad de practicar y mejorar en tiempo real mediante situaciones de verdadero riesgo.

Poco después de venderle Perfect Fitness a una empresa mucho más grande, Implus Corporation, en Durham, Carolina del Norte, tuve que construir un nuevo equipo. El primero en mi lista de nuevos compañeros de equipo fue el vendedor. No había presupuesto para contratar un nuevo empleado, así que me ofrecieron una lista de empleados existentes en Carolina del Norte para que de allí seleccionara a un nuevo miembro del equipo. (Según los términos de la venta, las operaciones fueron trasladadas a Carolina del Norte, mientras que las ventas, marketing y desarrollo de productos permanecieron en California). Yo no conocía a nadie en el listado y tampoco contaba con mucho tiempo para decidirme. Estábamos lanzando nuevos productos a gran velocidad, así que necesitaba a alguien para que me ayudara a llevar la carga de viajar por el país. Después de hablar con varios candidatos al cargo, elegí a un joven que tenía un pasado un poco accidentado en el campo de las ventas. Los altos directivos de la empresa me recomendaron que eligiera a otra persona, porque no creían que él fuera el indicado para el trabajo argumentando que carecía de experiencia, y así era, y que su personalidad —descrita como un sabelotodo que bordeaba en la arrogancia— molestaría a los compradores y, por lo tanto, perjudicaría el crecimiento de la línea Perfect Fitness. No había pasado mucho tiempo con mi nuevo vendedor, Matt, pero le vi algunas cualidades especiales. Tenía hambre de aprender cosas nuevas, demostraba una sólida ética de trabajo y, lo que era más importante, parecía dispuesto a escuchar. Decidí que le daría seis meses para que demostrara su valía y les probara a sus críticos que estaban equivocados. Si no funcionaba, les dije a los ejecutivos de mi nueva empresa, les prometí que elegiría una de sus otras opciones.

Lo primero que hicimos Matt y yo fue realizar entre juntos una serie de llamadas de ventas. Lo incluí en cada fase de ellas y de los correos electrónicos que les envié a los posibles compradores con el fin de armar presentaciones de venta e intercambiar ideas sobre sus preguntas para así darles mis respuestas. Aparte de darle pautas directas sobre cómo hacer estas llamadas, lo invité a las reuniones. Lo presenté como mi colega de ventas e incluso lo alenté a responder a las preguntas de los clientes en las reuniones de ventas. Hicimos tres llamadas de ventas. Yo mismo lideré la primera de comienzo a fin. En la segunda, el hizo algunas partes de la presentación, como mostrar las capacidades del Implus, que él conocía mejor que yo. En la tercera, él hizo la presentación principal y yo dirigí la retroalimentación. Al final de la tercera presentación, fuimos a almorzar y le di mi opinión sobre su performance. Comencé mi conversación de la forma en que mi director de infomercial me hablaba al hacerme alguna crítica: "No es nada personal. Solo quiero que hagas la mejor presentación posible". Matt escuchó lo bueno, lo malo y lo feo de su presentación. Le hice ver todo tipo de aparentes pequeños detalles que le estaban impidiendo generar confianza en el comprador.

Matt y yo pasamos dos horas revisando mis comentarios. Además, hicimos ejercicios de actuación y juegos de roles dirigidos a realizar acciones diferentes a las que él había usado durante la reunión. No fui crítico en forma negativa, sino constructiva en cuanto a cómo ayudarle a ser un mejor vendedor. Todavía recuerdo ese día como si fuera hoy, porque al final de las dos horas, me miró y dijo: "Nadie se había tomado el tiempo de explicarme esto. Gracias". Matt estaba sinceramente agradecido por mis comentarios y así me lo manifestó. Entramos en la rutina de discutir cada llamada de ventas de forma tan rigurosa como si se tratara del informe de una misión. Recuerda, estábamos a 3.000 millas de distancia, motivo por el cual la comunicación era primordial. Tuvimos tres etapas simples por discutir y estas iban paralelas a la forma de planificar una misión: la preparación de ventas, la reunión real y el seguimiento de los pasos de la venta. Así es como la planificación básica de las misiones SEAL se organiza en tres fases: inserción, acciones sobre el objetivo y extracción.

Adivina qué pasó. Matt mejoró en todas las etapas de la "misión" de ventas. ¡Le fue muy bien al apoyarse en nuestra versión de los ejercicios de contacto! Nuestra mentalidad era siempre aprender algo nuevo y evitar repetir los mismos errores. Durante los próximos seis meses, el crecimiento de las ventas de Matt fue notable. Le asigné cuentas regionales; hicimos seguimiento de su progreso y cada una de ellas creció. Luego, (desde California) con él en el altavoz, le compartimos a todo el equipo de la Costa Oeste las nuevas cuentas que Matt había conseguido.

A medida que su responsabilidad en los resultados de sus ventas aumentaba, también aumentaba su nivel de preparación. Según mi opinión, yo era el único representante de ventas minorista en la industria del fitness que tenía activa una certificación de entrenamiento personal. Creía que si yo estaba vendiendo productos fitness, debería ser un entrenador físico certificado para poder ayudar a educar a los compradores minoristas, muchos de los cuales tienen muy poco conocimiento sobre este mundo del fitness y por esa razón compran sin saber a ciencia cierta qué es lo que deben comprar para luego ofrecerle a su clientela lo mejor de lo mejor. Así que obtuve mi certificación mucho antes de que Perfect Pushup entrara al mercado, y cuando entró, esa experiencia en fitness fue invaluable para ayudarles a los compradores a comprender los puntos más importantes del diseño de estos productos y los beneficios funcionales para sus clientes. Es costoso obtener una certificación y se requiere de mucho tiempo libre para hacer un entrenamiento anual, por eso pensé que ese sería el próximo paso a dar en el viaje de empoderamiento de Matt como vendedor. Su rendimiento hablaba por sí mismo. Cada cuenta de la cual él era responsable había crecido en dos dígitos y algunas se habían disparado duplicando las ventas, al mismo tiempo que él construía relaciones de confianza con compradores clave. Mejor aún, Matt estaba dispuesto a invertir las horas extra necesarias para adquirir su certificación como entrenador personal. Su confianza crecía semana tras semana. Cuatro meses después, aprobó sus exámenes finales y obtuvo su certificación.

¿Qué crees que pasó después? Matt mejoró más e incluso hasta era un poco arrogante de vez en cuando, pero era una persona diferente a la que yo había conocido hacía tres años. Los ejecutivos de Implus también notaron mejoras en su nivel de rendimiento. En esos tres años, él hizo crecer nuestro equipo de ventas, ayudó a contratar nuevas personas y, finalmente, asumió el cargo de jefe de ventas de Perfect Fitness.

Comparto esta historia no para darme golpes de pecho, sino para demostrar el poder de educar, habilitar e involucrar a tus compañeros de equipo. El tiempo que pasas con ellos, enfocado solo en ellos, demuestra cuánto te preocupas por su éxito y por el tuyo. A menudo, le decía a Matt que yo lo estaba preparando para remplazarme. Él se resistía a esa idea y me preguntaba: "¿Cómo voy a remplazar yo al fundador de la empresa?".

"Sencillo", le contestaba. "Siendo mejor que él en el trabajo".

En ese momento, Matt no creía que llegaría hasta ese punto, pero yo sí y por esa razón demostré mi fe en él luchando para educarlo, capacitarlo, darle recursos y luego comprometiéndome a observar cómo estaba usando todo lo que aprendió, junto con todos sus recursos. Al final, hicimos nuestra propia forma de simulacros sin líder a bordo. Yo lo acompañaba a hacer sus llamadas de ventas y lo observaba (y aprendía de él). Matt estaba empoderado y, debido a esa actitud, movió montañas.

Cerrando el ciclo

Como líder de equipo, tú eres el encargado de cerrar el círculo, de construir un puente entre los miembros del equipo y ayudarles a estar en control. Para lograrlo, es indudable que utilizarás una serie de técnicas (comunicación, motivación, evaluaciones, reconocimiento, establecimiento de metas, entrenamientos, etc.), pero la intención detrás de todas tus acciones sigue siendo la misma: empoderarlos para que se atrevan a ir mucho más allá de sus límites e incluso de los tuyos. Crear una cultura de empoderamiento suele ser un desafío, porque requiere que el líder ceda el control para que otros tengan la oportunidad de dar un paso al frente, tomen decisiones y también el control. Para los líderes inseguros, orgullosos o egoístas el hecho de compartir su poder es un concepto extraño y aterrador. Sin embargo, esta es la ironía: cuanto más empoderes a los demás, más poder regresará a ti y de una manera diferente, incluso más potente: en forma de gratitud. Como líder, tu papel es hacer crecer a tu gente para que alcance su máximo potencial. Cada fase del marco de acción CARE está basada en los demás y esta fase final completa la transformación de un grupo llevándolo del egoísmo al desinterés, de ser un grupo de individuos a un equipo imparable.

Sospecho que la mayoría de nosotros ha tenido el privilegio de presenciar o de beneficiarse de un acto extraordinario realizado por alguien que conocemos, de una acción que va más allá de lo requerido y de lo que se podría pedir. En casos así, es imposible no admirar a estas personas y no sentir agradecimiento por sus actos desinteresados. Sin embargo, a menudo, estos actos no son reconocidos por los líderes del equipo, ni mucho menos celebrados. Por eso, el empoderamiento es un recurso tan frágil. Crece constantemente debajo de las condiciones adecuadas, pero se marchita rápidamente cuando los compañeros de equipo ven los logros y las recompensas como recursos escasos que hay que atesorar. Así que, lo ideal es ser un líder que difunde amor y reconocimiento a su alrededor, no uno que lo difunda con moderación. Solo entonces, tú estarás formando un equipo, no una colección de escaladores profesionales interesados.

Todos tenemos fortalezas y debilidades, pero algunos son más celebrados que otros; simplemente, tienden a destacarse de los demás. Trabajar con superestrellas puede ser embriagador, porque ellas parecen cambiar el juego en cualquier situación real o campo metafórico en el que compiten. A menudo, este es el caso en los equipos deportivos como el baloncesto y el fútbol, donde todo el equipo se puede construir en torno a los talentos de una o dos superestrellas que reciben toda la atención, los beneficios y las recompensas financieras. El resto del equipo parece existir solo para contribuir a que la superestrella alcance su grandeza. Esta construcción funciona bien en nuestros frenéticos medios de comunicación del mundo, donde se venden camisetas y los recuerdos deportivos son fundamentales para mantener rentable una franquicia deportiva. Esta misma dinámica existe en las empresas que brindan servicios (el comerciante estrella o el selector de acciones), en la medicina (el cirujano líder) y en empresas startups (el emprendedor/inventor). Sin embargo, observa qué tan bien funciona esa estructura con el paso del tiempo —no muy bien—. Piensa en Enron, Lehman Brothers, Theranos e incluso en Tesla. Agregarle una estrella a tu equipo quizá sea necesario en algunos casos, pero ¿no sería mejor si todos los miembros del equipo tuvieran las habilidades y sensibilidades necesarias para alcanzar el éxito? ¿Cuántas veces has visto a la superestrella de un equipo quedarse corta en un campeonato? En el mundo corporativo, ¿cuántas veces hemos visto a un supuesto genio quemar y volar toda su empresa?

Los equipos enfocados en sus superestrellas ofrecen una solución rápida, pero con demasiada frecuencia, acaban provocando dolores de cabeza a largo plazo. ¿Por qué? Porque ellos no se basan en el altruismo y el empoderamiento, sino en todo lo contrario. Difíciles de construir, pero más duraderos al final, son aquellos equipos en los que todos son dueños de los resultados y se sienten empoderados para realizar sus mejores esfuerzos y encontrar la verdadera paz mental a través de la conexión emocional, el logro, el respeto y el empoderamiento, tal como hizo el Coach Wooden con sus jugadores.

La gente admira a aquellos que se las ingenian para saltar edificios, figurar en la pantalla gigante o conquistar las salas de juntas con su carisma. Sin embargo, las estrellas brillantes tienden a quemarse a gran velocidad, dejando a los demás en medio de la complacencia y el cinismo. Peor aún, los demás tienden a irse en busca de un ambiente de equipo que sí nutra sus talentos y les dé la oportunidad de dar todo lo que tienen para dar. La historia muestra que las superestrellas no encuadran en los equipos empoderados.

Un ejemplo revelador de empoderamiento se encuentra en el libro *Team of Teams*, del General Stanley McChrystal. En el recuento que él hace acerca de su crecimiento como líder, se refiere a "su día de ajuste de cuentas" —el día en que se dio cuenta de que él era el punto de estancamiento para su equipo, puesto que resultó que los estaba reteniendo, porque el sistema que operaba requería que sus líderes buscaran su aprobación antes de tomar una decisión con respecto a la misión en la que se encontraran. Este proceso correspondía al ejemplo clásico de jerarquía y control militar en el que la información fluye hacia el encargado de la toma de decisiones y luego su decisión fluye a través de las filas hasta llegar al soldado que lucha en el campo de batalla. En cambio, el enemigo, terroristas en este caso, no tenía estas mismas limitaciones en cuanto a la toma de decisiones; en esencia, ellos estaban tomando sus propias decisiones en el campo de batalla, lo que los hacía más ágiles y más rápidos para actuar y retirarse. Esa misma estructura organizacional que históricamente le había permitido al ejército estadounidense dominar el campo de batalla ahora estaba demostrando ser un lastre. Como Comandante del Comando Conjunto de Operaciones

Especiales (JSOC, según su sigla en inglés), el General McChrystal revisó cuántas misiones se habían realizado por mes. Cuando él tomó el mando del JSOC, en 2003, se llevaban a cabo un promedio de 16 misiones de operaciones especiales por mes en busca de terroristas tanto en Irak como en Afganistán. Los enemigos estaban ejecutando tres veces más misiones por mes y sus operaciones eran descentralizadas, con líderes locales empoderados para planear y ejecutar misiones según lo consideraran necesario.

Sin duda, el personal militar estadounidense tenía mejor entrenamiento y mejor equipo, pero no estaba tan capacitado para *actuar* como sí lo estaba el enemigo. Para cambiar los enfrentamientos contra los terroristas, el General McChrystal se arriesgó bastante. Rompió con el protocolo tradicional de comando y control y comenzó a compartir información sensible y compartimentada con más de 7.000 operadores especiales y sus equipos de soporte. Generó una actualización diaria de la información más reciente y la compartía en todo el mundo en circuito cerrado de video. Una vez que su equipo se enterara de lo que se tenía que enterar, les permitía ejecutar misiones más rápidamente cambiando la cadena de mando requerida para la aprobación de la misión, sobre todo, ampliando la responsabilidad de la toma de decisiones hasta el nivel de los tenientes coroneles. ¡Eso abarcaba cinco rangos de mando más! Su razonamiento era simple: ahora, los líderes tenían la misma información que él *y* estaban mucho más cerca del campo de batalla. Aun así, no les daba carta blanca para llevar a cabo cualquier misión que ellos quisieran, sino que instituyó una sección diaria de entrega y participación colectiva de informes y ponía a cargo a varios comandantes ubicados en los campos de batalla para que fueran ellos quienes dirigieran esas sesiones informativas. Esto abrió la puerta de entrada para interactuar abiertamente con ellos. El compromiso no estaba enfocado tanto en el "quién" como en el "qué" y en el "cómo". La prioridad #1 era compartir lo que funcionaba y lo que no y cómo hacer que las misiones fueran más exitosas.

El General McChrystal consideraba que su papel era como el de un jardinero, cuyo trabajo es desyerbar y podar con frecuencia para permitir que las plantas (sus líderes) crezcan y prosperen. Las misiones por mes se dispararon a más de 300. En esta nueva estructura empoderada, los equipos de McChrystal estaban completando misiones en una noche, lo que en el pasado les habría llevado un mes completar. Y lo que era más importante, ahora estaban causando un impacto positivo en el campo de batalla. La información fluía tan bien que los equipos de operaciones especiales no solo podía responder más rápido, sino también predecir dónde estaba el enemigo y atacarlo. Cuando el General McChrystal se fue de su cargo, en 2008, su "equipo de equipos" había acumulado una notable tasa de éxitos en la reducción del número de terroristas en el campo de batalla.

Además, el empoderamiento no sirve solo para tomar decisiones. El vertiginoso ritmo de la innovación ha provocado que las organizaciones se replanteen cómo adoptar el cambio e innovar más rápido. De la misma manera que McChrystal luchó contra un enemigo descentralizado, empoderado y bien armado, las corporaciones de hoy enfrentan desafíos similares. Los enemigos se llaman competidores y en su mayoría se trata de empresas startups pequeñas, empoderadas y altamente capacitadas que están redefiniendo el panorama empresarial. Hoy, con la llegada de las redes de alta velocidad y de los dispositivos inalámbricos, hay más datos e información disponibles que nunca. Por lo tanto, hay mayor acceso al conocimiento y se pueden hacer análisis que arrojen luces que generen decisiones rápidas, mayor innovación y otras formas de estructuración empresarial.

En Great Place to Work, la cumbre realizada en Chicago, en 2017, el ex Presidente Ejecutivo y Director Ejecutivo de Cisco, John Chambers, explicó que los conectados a internet aumentarán de 17.000 millones en 2017 a una proyección de 500.000 millones en 2027, y agregó: "Vas a tener información ingresando en tu empresa de formas que nunca antes imaginabas. Las decisiones serán tomadas desde niveles de mando mucho más bajos en la organización y a un ritmo mucho más veloz"[1].

Este es el mismo desafío que enfrentó el General McChrystal en el campo de batalla. Lo superó empoderando a los líderes de su equipo con la suficiente responsabilidad y autoridad para tomar decisiones. Ese mismo cambio se requerirá en los equipos corporativos. Hace poco, la firma consultora Great Place to Work publicó un trabajo de investigación que define cómo las organizaciones necesitarán adaptarse a la próxima explosión de dispositivos conectados y a los datos y análisis que fluirán a través de ellos. Su sugerencia es simple: ¡haz que todos innoven! Desafortunadamente, los investigadores encontraron muy pocos ejemplos de empresas que estuvieran capacitando a sus equipos para realizar esos cambios.

¿Cómo crees que estas organizaciones pueden lograr que todos participen en la innovación? ¿Cómo deberían hacer para, como dice el informe, "maximizar el potencial humano de la empresa aprovechando la inteligencia, las habilidades y la pasión de todos los que pertenecen a ella"? Lo hacen construyendo relaciones con sus empleados en las cuales la confianza, la dirección, el respeto y el empoderamiento no son opcionales, sino obligatorios. Great Place to Work llama a esto innovación ideal para todos. Yo lo llamo empoderamiento.

A lo largo de este libro, he enfatizado que el marco de acción CARE es un proceso interminable y fundamental para los equipos imparables. En el próximo capítulo, quiero ayudarte a expandir la definición de equipo mediante la observación de todos los componentes y las partes interesadas fuera del equipo inmediato que influyen, contribuyen y, sí, potencian su misión. Ningún equipo opera en el vacío, ni alcanza la grandeza sin la ayuda de otros.

Capítulo 7

ACTIVANDO
LA VENTAJA 10X

Los cuatro capítulos anteriores estuvieron enfocados en cómo liderar con el marco de acción CARE en aras de construir equipos imparables. Ahora, es el momento de ampliar el tema concerniente a la formación de equipos para incluir otras partes y otros componentes interesados que participan en el éxito de tu equipo y que podrían verse afectados por su desempeño. Uno de los riesgos de implementar un solo y único enfoque aislado en el funcionamiento de tu equipo es que pierdes la perspectiva de cómo otros podrían afectar o dañar su progreso. La definición de *equipo* suele ser más amplia de lo que cualquiera pensaría que es.

Quizá, no sepas que menos del 1% de la población de los EE. UU. sirve hoy en las filas del ejército. Sin embargo, ellos no son los únicos que le sirven a Estados Unidos. El ejército depende de millones de manos y mentes civiles, de aquellos que hacen uniformes, comidas y equipamientos, así como de aquellos que se encargan de desarrollar ciertos aspectos de la ciencia y logran avances tecnológicos que mantienen al personal militar seguro. Ningún equipo puede hacerlo solo, ya sea que esté realizando una misión o trabajando en la creación de nuevos productos. De hecho, cuando un equipo demuestra auténticamente cuánto se preocupa por otras personas experimenta un retorno exponencial de sus esfuerzos al cual yo llamo la Ventaja 10x.

Esta Ventaja 10x ocurre en el campo de batalla, en los negocios y en las comunidades. En los negocios, la Ventaja 10x se da casi siempre en empresas donde un pequeño equipo se enfrenta a un oponente descomunal y mucho mejor financiado. Yo, personalmente, he experimentado la Ventaja 10x en el SEAL Team, así como en organizaciones startups, sin fines de lucro y en grupos de acción comunitaria donde pequeños grupos de personas obtuvieron enormes ganancias en comparación a su tamaño. En cada circunstancia, la Ventaja 10x fue activada alineando las acciones del equipo interno con los objetivos y las acciones de los aliados externos.

Procura servirles a quienes te rodean

Esta es la historia de ficción de Hunter y Brooke, quienes nacieron en el mismo año en una isla costera boscosa donde ellos asistieron a la misma escuela. Cuando se graduaron, ambos decidieron convertirse en constructores de viviendas. La isla en la que vivían tenía códigos de construcción muy estrictos, así que las casas que construían eran similares en su apariencia externa. Conseguir clientes fue difícil, porque ambos construían los mismos productos y todos en la isla sabían cuánto cuesta allí una casa, así que ni Hunter, ni Brooke podían competir en precio.

Cuando comenzaron sus negocios, de inmediato, y gracias a su popularidad en la escuela, Hunter tuvo más clientes potenciales que Brooke. En el equipo de fútbol, él había sido la estrella como mariscal de campo y además su clase lo eligió como "el que más éxito tendría" después de que todos terminaran sus estudios. Era extrovertido y carismático, le encantaba promocionarse y tenía un grupo de amigos enorme. Por su parte, a Brooke le gustaba correr a campo traviesa, era reservada y tenía solo un puñado de amigos. Pasaba su tiempo libre explorando los bosques de la isla, dibujando y haciendo carpintería. En síntesis, Hunter y Brooke eran opuestos en todos los sentidos, excepto en sus profesiones. Por todo eso, cuando sus conocidos escucharon que ambos se habían convertido en constructores de viviendas, les pareció obvio que Hunter sería el que tendría éxito.

La reputación de Hunter se trasladó a su negocio. Le decía a todos los que lo escuchaban qué tan mejores eran sus casas que las de Brooke. Contrataba gente a la que no le importara trabajar a la sombra de su deslumbrante personalidad, pues a él le gustaba que así fuera y por esa razón seleccionaba personas que lo hicieran sentir bien consigo mismo y que hicieran solo lo que él les dijera que hicieran. Además, se aseguraba de hacerles saber que ellos fueron los afortunados que consiguieron trabajar con el mejor constructor de la isla. Cuando conocía a sus clientes, era él quien hablaba más, recordándoles el gran profesional que era y por qué deberían seguir los planes que él les ofrecía para construir su hogar. Hunter insistía en que los clientes siempre se reunieran con él en su oficina cuyas paredes estaban decoradas con sus premios y sus menciones. Quería que ellos vieran todos los logros que él había obtenido hasta el momento. Su actitud era la misma cuando seleccionaba a los proveedores. Creía que los empleados y proveedores le servían a él, no al revés. Cuando la comunidad le pedía que ofreciera parte de su tiempo como voluntario para trabajar en proyectos de construcción, Hunter siempre se negaba alegando que estaba demasiado ocupado.

Por su parte, el enfoque de Brooke era diferente. Ella se centró en lo que llamó el arte de la construcción de viviendas, entendiendo que había muchas personas muy bien capacitadas que sabían más que ella sobre cómo construir casas sólidas junto al mar. Para ella, construir una casa era un rompecabezas tridimensional que involucraba la ubicación, la ecología local y las necesidades del cliente. Cada vez que se reunía con un posible cliente, siempre lo visitaba en el sitio donde su prospecto quería construir su casa. Lo escuchaba más que lo que hablaba, y cuando hablaba, por lo general, era para hacerle alguna pregunta. Cuando contrataba gente, buscaba a los que tuvieran una verdadera pasión por algún aspecto del proceso de la construcción de viviendas. Contrató a un escultor al que le encantaba trabajar con piedra, a un modelista cuya afición era construir goletas de madera en el interior de las botellas de vino, a un nativo americano apodado Árbol Susurrante, pues él mismo escogía y cortaba los árboles a mano hasta sacar de allí las tablas de madera, que utilizaría en su trabajo de carpintería, y a un paisajista que siempre *probaba* la tierra antes de decidir qué plantar en ella. A menudo, Hunter bromeaba sobre los empleados de Brooke, llamándolos sus "frutas y nueces".

Sus distintos enfoques para trabajar con la gente les dieron diversos resultados. Cuando Hunter no estaba hablando sobre sí mismo, estaba quejándose de la falta de buenos proveedores y empleados de calidad. Con mucha frecuencia, comentaba que si no fuera por él, sus proveedores quedarían fuera del negocio. Encontraba fallas en sus servicios y cada que podía los amenazaba con remplazarlos. Rara vez, hablaba con ellos, pero cuando lo hacía, siempre les hacía la misma pregunta: "¿Qué ha hecho usted por mí últimamente?". Hacía que el personal de su oficina les pidiera los mayores descuentos posibles y a al mismo tiempo encontraba formas de penalizarlos hasta por los retrasos más pequeños. El trató con sus empleados no era diferente. Según su opinión, ellos trabajaban *para* él, no *con* él. También tenía problemas constantes para mantener buenos constructores. Hunter siempre estaba buscando remplazos para sus empleados, pues se le iban por su propia voluntad o Hunter los rotulaba de "perdedores" y los despedía. Además, recurría a la contratación de trabajadores que no vivían en la isla, así que desconocía su reputación y era gente que sabía muy poco sobre las técnicas que se requieren para construir junto al mar.

En cambio, Brooke abordaba las relaciones de una manera completamente diferente. Ella visitaba las oficinas de los proveedores para conocer su modo de operar, así como a la gente que trabajaba directamente con ellos. Para ella sus proveedores eran una extensión de su equipo y se interesaba hasta en conocer su estado de salud. Además, nunca se quejaba de ellos. De hecho, nunca perdía la oportunidad de agradecerles por proveerle los productos que ella necesitaba. Los trataba como sus compañeros de trabajo, como parte de su equipo de construcción. En una ocasión, el vendedor que le suministraba madera sufrió un incendio catastrófico que acabó con el inventario que él tenía disponible. Entonces, decidida a no dejar que su proveedor quebrara, Brooke pagó por adelantado su próximo pedido con el fin de ayudarle a mantener vivo el negocio, mientras Hunter no hizo más que quejarse de las molestias causadas por el accidente del proveedor y lo cambió por otro que vivía fuera de la isla.

En cuanto a sus empleados, Brooke estaba aún más comprometida y se refería a ellos como artesanos. Ella sabía que nunca sería tan buena como ellos en sus habilidades, ni en su especialidad y le encantaba aprender de ellos y los animaba a seguir aprendiendo y capacitándose cada día más, ya fuera dentro de la empresa o fuera de la isla. Con frecuencia, Brooke buscaba formas de ayudar a desarrollar y enriquecer cada vez más las habilidades de sus artesanos. No era sorprendente que tuviera muy poca rotación de empleados, y cuando le decía adiós a un compañero de trabajo, por lo general, era porque ella le había ayudado a encontrar el trabajo de sus sueños, pues se daba cuenta de que su negocio no era el trabajo ideal para todos, pero sí podría ser un escalón en sus carreras de ascenso y estaba feliz de jugar ese papel siempre y cuando sus compañeros de trabajo se comprometieran con sus intereses de la forma en que ella se comprometía con los de ellos.

Al trabajar con la comunidad, el estilo de Brooke era todo lo contrario al de Hunter. Animaba a sus artesanos a participar en proyectos comunitarios y rara vez no participaba en ellos. Además, ella misma diseñó la glorieta de la ciudad y dos de sus artesanos la construyeron en su tiempo libre, completándola, para deleite de la comunidad, más rápido de lo esperado. Ella y sus empleados también ayudaron a renovar el cobertizo de la ciudad, que se utilizaba para todo tipo de esfuerzos comunitarios, desde enseñarles a los niños a navegar hasta hacer allí talleres sobre la construcción de barcos. A veces, le decía a su gente: "Nuestra comunidad es como un jardín. Cuanto más lo cuidamos, más nos devolverá". Brooke respaldó su filosofía relacionada con la jardinería iniciando la tradición anual de plantar plántulas de cedro para renovar el bosque de cedros de la isla. No podía permitirse pagarles a sus compañeros de trabajo para que hicieran esto, ni les pidió que se unieran a ella el primer sábado de primavera. Y aun así, la mayoría se le unió y colaboró. Le encantaba esta tradición primaveral. La noticia se extendió y muchos de sus vendedores, estudiantes y numerosos habitantes también se le unieron.

Hablando de tradiciones, cada uno de estos dos constructores tenía diferentes formas de celebrar la finalización de una nueva casa. Las celebraciones en las casas de Hunter eran lujosas y él lideraba a todos en un recorrido por la obra recién terminada, lo que le daba la oportunidad de mostrar su excelente trabajo. Por su parte, las fiestas de Brooke eran más sencillas. A diferencia de Hunter, que contrataba un servicio de catering, Brooke y sus compañeros de trabajo organizaban estas actividades entre todos, sirviendo aperitivos y bebidas caseras. Sus artesanos se turnaban para explicar sus roles en la construcción de la casa. Sus tours por el lugar terminaban con Brooke presentándoles los nuevos propietarios a los proveedores y al personal de oficina que participaron en la construcción de su vivienda. Cuando Brooke hablaba, nunca se trataba de sí misma; más bien, elogiaba a los artesanos con los que tuvo el privilegio de trabajar. La reunión siempre terminaba de la misma manera: su artesano indígena conduciría un ritual nativo bendiciendo así al nuevo hogar y a sus ocupantes, deseándoles buena salud y felicidad. Al final, el carpintero abría su caja de herramientas y construía una pequeña caja de cedro que luego le entregaba a Brooke. Entonces, ella se aseguraba de que cada persona involucrada en la construcción firmara el exterior de la caja y ponía en ella las llaves de la casa. Cuando se le entregaba al nuevo propietario, agregaba: "De nuestras manos a las tuyas. Tuvimos el honor de construir tu casa. Ahora, es tu turno de convertirla en tu hogar". Con frecuencia, estas inauguraciones terminaban con abrazos y algunas lágrimas de alegría por parte de los clientes y de algunos vendedores y artesanos, celebrando así la nueva casa.

De vez en cuando, Hunter escuchaba sobre estas reuniones de Brooke o sobre la tradición de la caja para las llaves y de inmediato las llamaba una pérdida de tiempo o afirmaba que sus eventos eran mejores. A decir verdad, ni sus reuniones, ni el día de la siembra de primavera fueron idea de Brooke. Esas ideas y muchas otras provinieron de sus artesanos y ella siempre estaba abierta tanto para reconocer estas contribuciones como para expresar su voluntad de aprender de los demás y experimentar con nuevas ideas. Cuando una de las ideas fracasaba, ella se apresuraba a decir: "Un fracaso no es un fracaso si aprendemos de él".

Poco a poco, Hunter tuvo cada vez más problemas para atraer nuevos clientes, mientras que el negocio de Brooke crecía de manera tan espectacular que tenía una lista de clientes en espera. Al principio, ella no entendía por qué tenía tanta afluencia de clientes, pues ella no hacía propaganda de su negocio. El hecho es que la mayoría de sus nuevos clientes llegaba a través de referencias de persona a persona —de propietarios, vendedores, artesanos y de los miembros de la comunidad.

Después de un tiempo, tenía 10 proyectos y Hunter solo uno. Sus únicos clientes venían de fuera de la isla, porque tenían urgencia de una nueva casa. En cambio, Brooke no solo tenía más clientes, sino que ellos querían que la gente supiera que su casa había sido construida por Brooke y su equipo. Era irónico, pues Hunter comenzó su negocio como Hunter's Homes, mientras Brooke llamó al suyo Coastal Homes. Una vez que sus clientes conocían a Brooke y su equipo, les encantaba hacerles saber a los demás que la suya era una casa construida por Brooke. Esa frase se usó con tanta frecuencia que, a regañadientes, Brooke cambió el nombre de su empresa, pero solo después de que sus artesanos la sorprendieron una Navidad con un aviso tallado que decía: Coastal Homes by Brooke Builders. Un cliente le preguntó delante de un par de sus artesanos qué significaba ser un constructor de Brooke. Ella se sonrojó y no pudo pronunciar ni una sola palabra. Sus artesanos respondieron al unísono: "Significa construir con el corazón".

Hunter no podía entender por qué su negocio estaba fallando mientras que el de Brooke despegaba y crecía cada vez más. Después de todo, sus productos eran similares. Entonces, ¿por qué el negocio de Brooke resultaba tan imparable? ¿Por qué fue 10 veces más exitoso que el de Hunter?

Expandiendo el círculo

El punto de esta historia es obvio: los equipos imparables están construidos con base en las relaciones, pero no solo con las relaciones esperadas con aquellos que están en línea directa contigo, con tu visión y tu liderazgo. También vale la pena señalar que los mejores formadores de equipos no siempre son extrovertidos —la "gente más popular"—. Los

constructores de grandes equipos suelen ser extrovertidos y carismáti-
cos, pero hay otros que son introvertidos y con estilos de comunicación
más reflexivos.

Los Hunters del mundo esperan que sus relaciones con los demás
sean unidireccionales. Los Brookes ven las relaciones como autopistas
con múltiples carriles que van en ambas direcciones y que tienen muchas entradas que dan acceso a otras relaciones. El enfoque de Brooke
hacia su equipo de construcción —su uso del marco de acción CARE
en todos sus tratos y con todas las partes interesadas— fue generador de
la Ventaja 10x. Ella entendió que el éxito de su equipo dependía de expandir la definición de equipo para así incluir no solo a sus empleados,
sino también a otros tres grupos determinantes en su negocio: los clientes, los colaboradores (proveedores y vendedores) y la comunidad (los
ciudadanos, las escuelas y las organizaciones locales que hacían que esta
fuera una comunidad vibrante ubicada junto al mar). Como Brooke,
cuando tú amplias los límites de tu equipo para incluir a tus clientes, a
tus colaboradores y a tu comunidad, aumentas tus probabilidades de
éxito de manera exponencial. Cuando otros sienten una conexión con
tu equipo, incluso si no son ellos quienes tienen el martillo en la mano,
ni los que hacen propaganda, ni las ventas, ¿qué crees que sucede? Que
trabajan por voluntad propia y más duro para ayudarte a alcanzar el
éxito, pues saben que, cuando tú tienes éxito, ellos también lo tienen,
porque también ellos son parte del equipo.

Así las cosas, ayudar a quienes te ayudan suena lógico, ¿verdad? Sin
embargo, el problema con el sentido común es que no se aplica tan
comúnmente como uno cree, sobre todo, cuando los egos, la fortuna
y la fama están en juego. El hecho es que, ya sea que el enfoque de tu
trabajo en equipo esté puesto en anotar puntos a favor o en lograr muy
buen retorno de la inversión, la tendencia natural es concentrarse en las
ganancias rápidas, porque a largo plazo, los objetivos requieren de un
modo de pensar más profundo, de diferentes perspectivas y, a veces, de
pasos audaces fuera de la zona de confort. Muchos equipos se vuelven
unidimensionales y desequilibrados cuando la relación con una de las
partes que constituyen la venta, casi siempre, con el cliente, está por en-

cima de la relación con los demás, haciendo que las metas y los recursos del equipo se centren en lo que sea que contribuya a complacerlo. Así, todos y todo lo demás se vuelve no esencial.

El problema con este enfoque de "el cliente lo es todo" es que ignora al 67% de los otros compañeros de equipo que son clave en el proceso y que contribuyen a obtener más clientes. Las empresas startups son reconocidas por priorizar este enfoque centrado en el cliente. Lo entiendo. He liderado startups y sé lo esencial que es conseguir clientes. Sin embargo, el método de utilizar la fuerza bruta para adquirir clientes al comienzo del negocio no hace probable el hecho de que una empresa sea sostenible a largo plazo. Si deseas crecer y escalar tu negocio, debes involucrar a todos tus compañeros de equipo externos y no solo a tus clientes actuales. Los tres componentes fuera de tu organización —tus clientes, tus colaboradores y la comunidad— suelen convertirse en multiplicadores de fuerza y potencializar los esfuerzos de tu equipo. Y cuando los incluyes en el ciclo de acción CARE, descubres lo que significa ser parte de algo más grande y mejor de lo que cualquier equipo puede lograr por sí mismo.

En 1965, Bruce Tuckman publicó una teoría de equipos que describió cinco etapas de desarrollo o evolución por las que todo equipo pasa[1]. Su teoría definió en qué consiste la transformación de un grupo de individuos en un equipo centrado en un objetivo colectivo. Esta es una teoría útil y estoy de acuerdo con sus afirmaciones, pero en mi propia experiencia, la teoría no siempre va lo suficientemente lejos. El desafío es que los grupos de individuos suelen sentirse confundidos siendo parte de un equipo. Pero los equipos imparables son mucho más que una colección de individuos puestos juntos con el fin de afrontar infinidad de retos y aportar diversidad de habilidades según sea su experiencia individual. Como he ilustrado a lo largo del libro, los equipos imparables están emocionalmente comprometidos entre sí y con metas ambiciosas. Pero aun así, es fácil quedarse atascado al principio del proceso y pensar que has llegado a ser parte de un equipo "lo necesariamente bueno". Por desgracia, eso es a lo que la mayoría de la gente está acostumbrada y es por eso que tantos equipos son ejemplos lamentables y cínicos de autocomplacencia. Así que, si estas comenzando a sentirte demasiado cómodo con los esfuerzos que haces, lo mejor será que digas: no tan rápido.

En mi opinión, la transformación de un grupo de individuos en un equipo imparable está marcada por cinco fases. La mayoría de los líderes nunca lleva a su equipo más allá del primer paso. No seas tú uno de ellos.

Así es como defino las cinco fases. Notarás que no incluyo la disolución del equipo. Volveré a ese tema al final de este capítulo, porque hay una manera correcta y muchas formas incorrectas de disolverlo.

- **Fase 1: Conectar al grupo.** Activar a un grupo de individuos a través de elementos básicos de conexión es el punto de partida de todo lo demás. A veces, los aspirantes a líderes piensan que liderar y conectar un grupo es difundir información a través de correos electrónicos y celebrar reuniones obligatorias en las cuales ellos les proporcionan a sus miembros todas las actualizaciones necesarias. En esta fase, las conexiones todavía son débiles y la comunicación es impersonal; el líder es quien habla y habla, casi siempre, en términos como "yo" y "mi". Los líderes tienden a microgestionar a sus subordinados directos y a centrarse más que todo en "gestionar". Como verás, en esos casos, el empoderamiento es inexistente.

- **Fase 2: Dirigir al grupo.** La segunda fase del trabajo en equipo es comenzar a dirigir la atención del grupo hacia las metas identificadas por el líder. Esto no es a lo que yo llamo liderazgo imparable. Decirle a alguien que haga algo no es estar liderando; es estar administrando. Todavía no he visto a nadie que diga: "¡Me encanta que me administren!". Los grupos dirigidos están conectados a través de una figura autoritaria que pasa la mayor parte de su tiempo diciéndoles a los demás qué hacer y cómo hacerlo. La dirección es una actividad ejecutable, medible y alcanzable. El miedo al fracaso es alto y la gente tiende a centrarse solo en las tareas específicas que le han sido asignadas. La información se difunde sobre la base de la necesidad de saber. La rendición de cuentas es baja y el enfoque del grupo es complacer al líder y procurar no cometer muchos errores.

• **Fase 3: Respetar al equipo.** En esta fase del desarrollo del equipo, los individuos han comenzado a sentirse conectados emocionalmente entre sí y a identificarse con el equipo en etapa de formación. Han comenzado a sentir que crecen a nivel intelectual y en el avance del grupo hacia el logro de sus metas. El líder del grupo también ha comenzado a cambiar de rumbo, a menudo, buscando el consejo del grupo, mostrando franqueza y un nivel de informalidad que hace que el equipo se sienta incluido y seguro. El líder escucha más y habla menos, dándole al grupo más tiempo para compartir entre sí sus ideas y aprendizajes. A este punto, el grupo y el líder han comenzado a decir "nosotros" y "nos" con más frecuencia.

• **Fase 4: Empoderar al equipo.** La cuarta fase de la formación de equipos es comenzar a aprovechar el enfoque y los esfuerzos de todo el equipo. El líder le transfiere la toma de decisiones y cierto grado de autoridad. La acción desinteresada se vuelve cada vez más frecuente y el equipo empieza a construir vínculos similares con las partes externas involucradas en el proceso, basándose en los mismos valores de conexión: logro, respeto y empoderamiento. La comunicación es sincera; la empatía es la regla; el tono es amistoso y abierto; el debate es frecuente, pero civilizado. Se valoran los aportes de los nuevos compañeros de equipo y los miembros reconocen sus errores en un marco de libertad. El nivel de responsabilidad es alto y con mucha frecuencia cada uno es reconocido por sus contribuciones, a veces, formalmente, pero a menudo, de forma casual. En esta etapa, el líder busca de manera proactiva mejorar las habilidades de sus compañeros a través de modelos de aprendizaje internos y externos y también sobre la marcha. Los nuevos miembros se asocian con los más antiguos para acelerar así el proceso de aprendizaje y recibir motivación. El líder dirige la toma de decisiones e involucra a quienes lo rodean en sesiones de retroalimentación sobre su desarrollo profesional y personal.

• **Fase 5: La Ventaja 10x (propia de los equipos imparables).** Este es el pico de la etapa de formación de un equipo. A este punto, el marco de acción CARE ya se ha convertido en una maquina bien lubricada dentro del equipo, el cual ya se ha transformado en un grupo de miembros que también buscan activar el ciclo CARE con sus conexiones externas. El equipo ha llegado a niveles de rendimiento que no se habían visto antes y disfruta de la posibilidad de pasar tiempo juntos, bien sea en el trabajo o para divertirse. Su nivel de compromiso como equipo ya se ha dado a conocer entre unos y otros y su óptimo grado del cumplimiento de los objetivos se extiende por todas partes. El líder es humilde; abundan el humor y la calidez. Las acciones del equipo se magnifican y mejoran con el apoyo y la participación de sus colaboradores, clientes y de la comunidad. Con cierta regularidad, estas tres partes proporcionan comentarios y nuevas ideas que apoyen los objetivos de todos y se unen para celebrar los buenos resultados de sus esfuerzos conjuntos. El grupo expresa entusiasmo e incluso amor por cada uno de sus compañeros y busca nuevas oportunidades para colaborar y perseguir metas aún mayores. Además, goza de excelente reputación. Posibles nuevos compañeros, socios comerciales, clientes y miembros de la comunidad hacen fila para participar de toda esta abundancia y del bienestar generado.

Si esto suena demasiado bueno para ser verdad, te garantizo que no lo es, aunque reconozco que es más raro de lo que debería ser. Desafortunadamente, la mayoría de quienes están en posiciones de liderazgo se estanca cuando alcanza las fases uno y dos, sin darse cuenta de cuánto más serían capaces de hacer sus equipos si tan solo ellos como líderes los guiaran a lo largo de todas las cinco fases de este proceso. Pero se conforman con "administrar" a "su" gente para garantizar que el trabajo se complete a tiempo y que los resultados sean satisfactorios. Su gente trabaja en cargos definidos, cada uno hace lo que se le pide, llega a su lugar de trabajo a tiempo y sale a tiempo, hace su tarea y una vez la termine pasa a realizar la siguiente y eso es todo. El líder (que en realidad está desempeñando el rol de administrador) pasa mucho tiempo manteniendo a todos en línea, evitando riesgos y administrando bien. Todo eso está bien, pero ¿desde cuándo "bien" es suficientemente bueno?

El efecto del jugador #12

Observa cómo los Seahawks de Seattle crearon la Ventaja 10x. Como es obvio, por ser un equipo de fútbol profesional, sus entrenadores tienen la opción de elegir a algunos de los mejores deportistas para que entren al juego. Los demás entrenadores de la liga hacen lo mismo, entonces, lo que hace que su historia sea tan convincente es que ellos han logrado participar 10 veces haciendo algo más que solo tener un buen equipo: invitar a sus clientes, colaboradores y a la comunidad a unirse al equipo, a convertirse en el "jugador #12". (El fútbol americano tiene 11 jugadores en cada lado). Si pasaras una tarde conduciendo por Seattle y sus suburbios, verías que ese número aparece en los mástiles de las banderas, en los postes y en las cercas. Verías carteles que cuelgan de los apartamentos, los rascacielos y los almacenes; estarías rodeado de vehículos que muestran el #12 en sus matrículas, en los portones de los garajes y en los enganches de los camiones. Incluso lo verías a algunos de los fanáticos de Seahawk mostrando con orgullo sus tatuajes con el #12 tanto en días soleados como lluviosos. La idea del jugador #12 ha cambiado las reglas del juego desde que, en diciembre 15 de 1984, Mike McCormack, el Presidente de los Seahawks, llevó puesta la camiseta #12. En ese momento, los Seahawks eran un equipo relativamente nuevo y en expansión, y McCormack decidió invitar a los fans y a la comunidad a formar parte del equipo. Una vez que Paul Allen, el multimillonario de Microsoft, tomó posesión del equipo en 1996, él mismo se encargó de intensificar el enfoque del jugador #12. Al construir el nuevo estadio de fútbol, Allen les ordenó a los arquitectos diseñarlo de tal manera que maximizara el sonido de los vítores de los fanáticos dirigiéndolos hasta el campo e incluso instaló un monitor de sonido para mostrarles a los fans los niveles de decibelios en tiempo real. Estas fueron solo algunas de las tácticas que el equipo usó para apoyar a sus "compañeros de equipo" externos.

Los resultados son notables. Desde 2002, los Seahawks han tenido un porcentaje de victorias del 68,75% cuando juegan en casa. Sus fanáticos han ganado dos récords mundiales por dar los aplausos más ruidosos. El récord más reciente fue en 2014, alcanzando 137,6 decibeles, ¡solo hubo unos pocos tímpanos rotos! El efecto del jugador #12 desestabiliza a los oponentes, dando como resultado para la liga un promedio de 130 salidas en falso por parte del equipo visitante, debido al nivel del sonido. También ha sido bueno para los negocios. La camiseta #12 de los Seahawks es una de las más vendidas en la NFL. Las partes interesadas han magnificado el efecto del jugador #12 iniciando negocios que apoyen los esfuerzos de extensión del equipo. Joe Tafoya creó una aplicación llamada Volumen 12 y esta anima a los fans y a la comunidad a conectarse con el equipo. Luego están Adam Merkl y Ryan Hilliard, cofundadores de Hilliard's Beer, que en 2013 comenzó a elaborar una cerveza llamada The 12th Can. Otro grupo de fans creó un "comité" encargado de darle retroalimentación al equipo. Todos estos esfuerzos contribuyen a la cohesión de los Seahawks.

Yendo aún más lejos, los Seahawks fundaron The Spirit of 12 Partners en colaboración con organizaciones locales sin fines de lucro y su propósito es apoyar a los miembros desatendidos de la comunidad de Seattle, por ejemplo, los niños y veteranos desfavorecidos. Los clientes, los colaboradores y la comunidad de los Seahawks han respondido con 127 (y contando) juegos consecutivos con boletería agotada y con uno de los porcentajes más altos en los abonos de renovación anual en la liga: 99%.

La Ventaja 10x también se encuentra en el campo de batalla. El periodista Doug Stanton hizo una crónica de las actividades de la Unidad de las Fuerzas Especiales del Ejército (Boinas Verdes) denominada Destacamento Operacional Alfa 595 (AOD, según su sigla en inglés) en Afganistán[2]. Junto con unos pocos operativos paramilitares de la CIA, AOD 595 fue la primera unidad militar estadounidense en luchar en Afganistán después del 11 de septiembre. Las AOD están compuestas por 12 miembros que han recibido un inusual enfoque de formación: construir relaciones. ¿Te suena familiar? En este caso, estos 12 hombres, junto con AOD 555, fueron los responsables de entablar relaciones con una asociación de afganos señores de la guerra. Llamada Northern Alliance, estos señores comandaban aproximadamente a 15.000 soldados dispuestos y capaces de luchar contra los talibanes. Los equipos de AOD se enfrentaron a algunos desafíos, por supuesto, el primero fue que no todos los señores de la guerra se llevaban bien. ¿Y cuál fue su segundo y más duro desafío? Que el enemigo era tres veces más grande que ellos, contaba con más de 50.000 combatientes y estaba mejor armado. Como Stanton le dijo a *Forbes:* "Su misión vivos o muertos se fundamentaba en la capacidad de los soldados para generar entendimiento y relaciones y trabajar por, con y a través de sus contrapartes. Sin situarse por encima, ni por debajo, ni lejos de ellos, sino compartiendo hombro a hombro. Esa es su doctrina"[3].

El 19 de octubre de 2001, AOD 595 aterrizó en helicóptero en las montañas de Afganistán. Lo que pasó después fue un ejemplo notable de lo que es una verdadera formación y ejecución de equipo. Un promedio de 350 efectivos del ejército, 100 agentes de la CIA y un puñado de bombarderos de la Fuerza Aérea que apoyan a estos equipos desde lejos y desde arriba, se unieron con éxito a Northern Alliance y destruyeron refugios clave de los talibanes. Imagínate la escena: unos 500 estadounidenses, que representan múltiples equipos pequeños, superando con éxito a un enemigo 100 veces su tamaño. Por supuesto, no lo hicieron solos. Northern Alliance, compuesta por reclutas de cada comunidad de líderes locales, jugó un papel crucial ayudando a encontrar y a apuntarles a los combatientes talibanes. Sin embargo, la asociación no hubiera sido posible sin las habilidades de construcción de relaciones de nuestros equipos de AOD y CIA.

En casi cualquier circunstancia que puedas imaginar, vale la pena procurar ganar la Ventaja 10x, por no decir que es absolutamente esencial en lo que se refiere a supervivencia. Ya sea que mires la economía compartida entre empresas como Airbnb y Uber o las empresas minoristas orientadas al cliente como en el caso de eBay y Amazon o plataformas de redes sociales como Facebook y Twitter, todos los equipos comerciales de hoy deben construir relaciones saludables con los equipos que están dentro y fuera de sus empresas. De hecho, a menudo, es difícil saber dónde comienza y dónde termina la empresa; así de importantes e interdependientes son estas relaciones. Mira de cerca algunas de las mejores empresas y verás el ciclo CARE en acción. En muchos casos, la ventaja competitiva de una empresa proviene de hacerles las cosas fáciles a quienes la constituyen —empleados, socios comerciales, clientes y comunidades— para que se conecten, alcancen logros, se respeten y se empoderen unos a otros.

No es de extrañar que organizaciones hoteleras como Marriott estén interesadas en aplicar este concepto y se hayan enfocado en implementar planes basados en él. La misión de Marriott es "ser la compañía favorita del mundo de los viajes". Su objetivo de tratar a los huéspedes como amigos y como familia llevará ese reto a unos 6.500 hoteles en 110 países con más de 177.000 personas gestionando 1,1 millones de habitaciones de hotel todos los días del año. Es una tarea descomunal —que involucra a decenas de millones de huéspedes al año—. Y aunque las culturas varían en todo el mundo, el único denominador común en la misión de Marriott es su compromiso de brindarles verdadero interés y atención a sus clientes. Pero las declaraciones de misión fantásticas solo llegan hasta cierto punto. Es en la implementación diaria del ciclo CARE dentro de cada Marriott, y con la ayuda de sus equipos externos, que se logra la Ventaja 10x. El enfoque de Marriott combina la visión de la empresa con sus acciones en su Programa TakeCare Wellbeing. Se trata de una forma de conectarse, alcanzar logros, respetar y empoderarse que surgió a partir de la declaración de visión original de los fundadores de la empresa, J. Willard Marriott y Alice Sheets Marriott, hace ya más de 90 años: "Cuida a tus asociados [compañeros de trabajo] y ellos se ocuparán de tus clientes y tus clientes volverán".

Mucho ha cambiado desde los días en que se compraba una simple cerveza en una parada de tren en Maryland, pero los principios que guían a Marriott no han cambiado. Se ha vuelto más formal en la implementación de su Programa TakeCare Wellbeing, el cual está dirigido a los cuatro destinatarios que son de su mayor y especial interés y cuidado: el individuo, los trabajadores a todos los niveles, los clientes (propietarios, franquiciados e invitados) y la comunidad. TakeCare, que abarca aspectos relacionados con el bienestar físico, emocional, financiero y profesional, está dirigido, ante todo, a los asociados a la empresa. Recuerdo que el lema del SEAL Team es: "Yo te cubro las espaldas". Este programa integral comienza ayudando a las personas a liderarse a sí mismas. También les proporciona a los asociados orientación y apoyo en la gestión de su vida financiera, desarrollando sus carreras y liderando a otros. Esta mentalidad solidaria se extiende a las comunidades donde opera Marriott, animando a los asociados a participar en actividades de divulgación comunitaria y les ofrece orientación con colaboradores externos a sus familiares y amigos. Hace poco, Marriott lanzó una nueva iniciativa llamada Serve 360, que además define cómo extender la atención más allá de los confines de la organización. Serve 360 se ocupa de cuatro acciones: nutrir, sostener, empoderar y darles la bienvenida a metas a largo plazo, tales como dedicar 15 millones de horas-persona de tiempo voluntario dentro de las comunidades a las que ellos sirven. Con un enfoque auténtico y constante en fomentar el interés y la atención en cada faceta de los negocios, no es de extrañar que Marriott haya sido elegida durante 20 años consecutivos (1998-2017) como el mejor lugar para trabajar, a medida que aumenta en la capitalización de su mercado a más de $120.000 millones de dólares, como ocurrió en 2018.

Haciendo fácil lo que parece difícil

Poner en funcionamiento las cuatro acciones del marco de acción CARE podría sonar abrumador al principio, pero será la experiencia más gratificante que tendrás. *La vida pasa.* Y a medida que pasa, es mejor tomar un respiro y saber que, con un poco de cuidado hacia ti mismo y hacia los demás, es más fácil soportar errores y pasos en falso, puesto que estás rodeado por tu círculo familiar, bien sea de sangre, de lazos emocionales o de ambos. Me gusta pensar en la gente por la que me preocupo y en quienes se preocupan por mí como mi "escuadrón de atención". Años después de que los miembros de mis diversos escuadrones de atención se han unido a mi equipo y luego se han ido por distintos caminos, sé que aún todavía nos apoyamos mutuamente y que las experiencias maravillosas que tuve con todos y cada uno de ellos se quedarán para siempre conmigo.

Esto me lleva a la parte más difícil del trabajo en equipo: decir adiós. Todas las cosas buenas llegan a su fin y lo mismo ocurre con los equipos. Es un proceso natural en el ciclo de la formación de equipos que estos se disuelvan, se reconstruyan, se renueven y se preparen para nuevos desafíos. Muy pocos equipos permanecen intactos después de que se han integrado; de hecho, muchos equipos rotan sus listas de miembros internos y externos incluso cuando llegan a la cima de sus metas.

Esta es la lección que aprendí sobre la disolución de equipos: el factor tiempo hace que los equipos se disuelvan. Para muchos, el equipo del que acaban de formar parte es diferente a cualquier experiencia que hayan tenido antes, pues están conectados emocionalmente con el equipo y con sus compañeros. Perder estas conexiones es doloroso. No te sorprendas si algunos de tus compañeros de equipo experimentan depresión situacional, como la llaman los médicos. Con todo final, hay una pérdida, incluso si hay buenas razones para llegar al fin y aunque lo que nos espere sea emocionante.

Entonces, cuando llegue el momento de disolver el equipo, organiza una fiesta en su honor. Dales a tus compañeros diferentes asignaciones para hacer que la despedida sea una ceremonia memorable y personal, desde la coordinación de una comida para recopilar y compartir fotografías, hacer citas futuras, contar historias divertidas e hitos importantes. Dales a todos la oportunidad de despedirse, de expresar su gratitud y celebrar la experiencia. No te alarmes si hay lágrimas. Abre tus brazos y da y recibe muchos abrazos. Y en últimas, no tengas vergüenza de mantenerte en contacto o en tratar de ayudar a tus compañeros de equipo incluso después de que este se haya disuelto oficialmente. En SEAL Team, me propuse que mi misión fuera ayudarles a todos y a cada uno de mis compañeros de pelotón a encontrar los trabajos y oportunidades que estuvieran buscando. Con algunos, consistió en el simple hecho de darles una recomendación; con otros, se requirió ayudarles a reposicionarse en sus siguientes roles. Uno de mis momentos de mayor orgullo fue ayudar a un suboficial de segunda clase con su aplicación a Seaman to Admiral (una oportunidad única de la marina mediante la cual los marineros seleccionados pueden convertirse en oficiales). KD, como lo llamábamos, se ganó el nombramiento y hoy es un oficial de alto rango de Navy SEAL al frente de todo un equipo SEAL. Asimismo, cuando los miembros de mi equipo de Perfect Pushup decidieron que era hora de seguir adelante, les eché una mano para ayudarlos a encontrar nuevos equipos a los cuales unirse.

En otras palabras, tu interés y aprecio por los demás no termina cuando se logra una meta. Como líder, es tu responsabilidad cuidar de tus compañeros de equipo aun cuando este se disuelve. Años después, hasta podría corresponderte seguir cuidando de su bienestar así sea redactando una carta de recomendación o sacando tiempo para aceptar una entrevista de referencia. Todo esto es lo que implica ser un líder de equipo. Tu cuidado e interés por el bienestar de los demás nunca se detiene. ¿Y adivina qué más pasa? El cuidado que les brindaste a tus compañeros de equipo da sus frutos cuando ellos se embarcan en su propia formación de equipos y adoptan ese mismo enfoque afectuoso que vieron en ti hacia sus nuevos compañeros. No hay mayor satisfacción que saber que marcaste la diferencia ayudándoles a otros a que ellos también maquen la diferencia.

Cuando era un niño, mi primera mejor amiga fue mi abuela Priscilla Alden Mills, conocida por mí como Gramz. Ella vivía a unas tres millas de distancia en una granja con caballos, gallinas, perros, un huerto, un estanque y, lo más importante, con camiones y tractores. Ese fue mi hogar lejos del hogar a medida que iba creciendo. Ella me brindó muchas "primicias" en mi vida, como probar el salteado de Cheerios con mantequilla (mi desayuno favorito); me dejó conducir por primera vez un jeep, un camión y un tractor (sentado en su regazo); montamos juntos un caballo; salté entre estiércol; también removí muchas piedras de su huerto mientras ella trabajaba en el jardín.

Mi abuela estaba llena de energía y permanecía en constante movimiento, y a mí me encantaba hacer el papel de su ayudante. Con frecuencia, ese cargo me ponía en algunas situaciones incómodas, ya que era más ser su cómplice en delitos menores. En el otoño, pasé muchos fines de semana sentado en la parte trasera de su Ford F-100 color turquesa y blanco, recogiendo la basura de otras personas. A ella le encantaba cuidar el jardín y el otoño era el mejor momento para recolectar abono, así que recorríamos los vecindarios de mis amigos llenando bolsas enteras de hojas antes que pasaran los camiones de la basura. Yo pensaba que aquella era una actividad normal de fin de semana, incluida la parte en la que, sorprendidos, los vecinos salían corriendo por la puerta principal hacia la camioneta de Gramz, pensando que estábamos robando algo. Pasamos algunos momentos locos juntos, pero siempre había algo con lo que podía contar de parte de Gramz hacia mí: abrazos. Gramz era una gran abrazadora.

Abrazaba a sus perros (a los 10, en su mayoría, callejeros), a sus caballos, y por supuesto, a sus nietos, mi hermano Andrew y yo. Ella me abrazó tantas veces que yo asumí que ese era un saludo normal: decir hola y luego abrazar. Nunca pensé mucho en su hábito de abrazar hasta que la diagnosticaron con una forma de demencia. En nuestra familia hicimos lo mejor que pudimos para mantener vivos en ella todos los recuerdos que habíamos atesorado juntos. Colocamos fotografías de nuestras locas aventuras por todas partes de su casa, con nuestros nombres publicados en ellos a manera de información para ella. Eso ayudó por un tiempo, pero, eventualmente, esos recuerdos se desvanecieron de su mente. Una cosa no fue así: su respuesta a un abrazo. Cuando ponía mis brazos alrededor de ella, mi abuela sonría y también me estrechaba en sus brazos. Esa fue la única forma de comunicación que tuvimos durante esos últimos meses y nunca perdí la oportunidad de abrazarla. Esos abrazos al final de su vida fueron especialmente poderosos, porque me recordaron que, incluso después de que sus capacidades mentales se habían desvanecido, el deseo de Gramz de amar y ser amada estaba intacto. Así es con todos nosotros.

Quizá, pienses que no hay lugar para abrazar en un pelotón de SEALs, pero déjame decirte que te equivocas. Yo soy un gran abrazador (gracias, Gramz). Todos *somos* grandes abrazadores. Sí, eso es correcto: los guerreros más feroces de Estados Unidos son aquellos que abrazan; los que abrazamos todo el tiempo. Y no somos solo los SEALs. Lo he presenciado en todas ramas de las Fuerzas Armadas. ¿Sabes por qué? Porque nos amamos el uno al otro. No, en serio, nos amamos. ¿Alguna vez tuviste la oportunidad de charlar con alguien que haya recibido la Medalla de Honor del Congreso? Yo he hablado con varios y todos dicen lo mismo de sus actos de heroísmo: dieron un paso adelante, porque amaban a sus compañeros y no querían defraudarlos. Ahí está esa palabra presente otra vez: *amor.*

Para ser honesto, durante todo mi tiempo en los SEALs, nunca me interesó morir por mi país; Sin embargo, yo estaba dispuesto a morir por mis compañeros de equipo y sabía que ellos también estaban dispuestos a morir por mí. No es que no amemos a nuestro país, sí lo amamos, pero "país" es un concepto muy amplio y amorfo; es difícil conectarte con él a nivel personal, como lo hace con tus compañeros de equipo. Lo mismo se puede decir de una corporación, un equipo deportivo o una organización benéfica. Es difícil para la gente relacionarse con toda una organización que podría estar conformada por miles o millones de personas. Cuando miras atrás y piensas en tu momento de más orgulloso o en el más difícil, lo más probable es que pienses en *personas* —de tu infancia, de la escuela, que conociste en un viaje por carretera durante un fin de semana, en tu primer trabajo, en otros trabajos, y también en la persona con la que estás ahora— y te das cuenta de cuánta gente te ha apoyado todas esas veces. Así que lo más seguro es que no pienses, primero que todo, en instituciones — universidades, academias militares, empresas u organizaciones comunitarias— donde tuviste esas relaciones. En cambio, ¿esos abrazadores? Son imposibles de olvidar, porque la formación de equipos y el trabajo en equipo son personales. Se trata de un grupo de seres humanos, todos con sus propias peculiaridades en lo relacionado a su personalidad, con sus propios superpoderes y debilidades, uniéndose para hacer algo increíble. Podría tratarse de recaudar dinero para una organización sin fines de lucro local, de entrenar al equipo de fútbol de tus hijos, de liderar un nuevo producto para que ingrese al mercado, de convencer a un banco para que no hipoteque tu propiedad o de ayudar a capturar a un delincuente de guerra. Lo cierto es que el trabajo de los equipos —y el trabajo de liderazgo necesario para formar equipos imparables— implica nada menos que amor y, sí, muchos abrazos para celebrar, consolar, para recordarles a tus amigos que los respaldas e incluso para decir adiós cuando la misión haya terminado.

Hacer que esto suceda es complicado. No hay ninguna aplicación que instales y te sirva para eso. ¿Cómo lo aprendes? Bueno, puedes leer este libro, por supuesto, y recibir inspiración y conocimientos producto de la experiencia (las de otros y la mía) que comparto con ustedes aquí. Puedes poner el marco de acción CARE a trabajar y practicar conectándote con otros, alcanzando logros, brindando y recibiendo respeto y empoderándote. Sin embargo, siendo honesto, solo tendrás que intentarlo; prueba y observa cómo te sientes. Ten algo de fe en que has hecho el trabajo y en que estás preparado para hacer la labor de abrirte a ti mismo y a tu corazón para construir relaciones que sean profundas, resistentes como el hierro e inmensamente satisfactorias para tu mente y tu corazón.

Mi momento más aterrador en el entrenamiento SEAL fue cuando tuve que dar mi primer salto, a 14.000 pies de altura, durante entrenamiento militar para hacer parte de operaciones especiales en caída libre (MFF, por su sigla en inglés). No fue la altura lo que me asustó. Ya antes había saltado más de 50 veces de aviones y helicópteros. Entonces, ¿qué me aterrorizó de esa experiencia? Que era la primera vez que saltaba con un paracaídas que *yo mismo* había empacado. Recibimos mucho entrenamiento previo sobre cómo empacar nuestros propios paracaídas y, sin embargo, yo tenía la idea persistente de que apestaba doblando cosas. Eso provenía del hecho de que, cuando estuve en la Academia Naval, fallé en casi todas las inspecciones de la habitación. Era terrible para hacer mi cama. Nunca pude hacer bien esos dobleces de hospital en las esquinas de las sábanas. Y doblar y hacer que mis calcetines y que mis toallas hicieran una fila perfecta era algo que requería demasiado de mí.

Así que ahí estaba yo a las 4:30 de la mañana en la rampa de un C-130 con vista a la cordillera que rodea a Yuma, Arizona, viendo salir el sol a 14.000 pies de altura. Los motores rugían tan fuerte que teníamos que gritar, usar frases cortas y sencillas y señales con las manos para entendernos unos a otros. Mis ojos estaban pegados a la luz roja, atento al momento del salto. Cuando se pusiera en verde, sería mi turno de saltar.

Mi instructor se volvió hacia mí y me gritó: "¡Señor, dé la vuelta y vaya a la rampa!". Yo hice lo que él me indicó y me detuve cuando creí que había ido lo suficientemente lejos.

Él respondió con: "¡Señor, ponga los talones sobre la rampa!".

Poco a poco, bordeé mis talones más allá de la superficie antideslizante de la rampa. Luego, él sonrió, me miró y gritó: "¡Mira hacia abajo!".

Yo estaba tratando de mantener el equilibrio sobre la punta de mis pies al mismo tiempo que daba un vistazo hacia abajo por encima de mi codo derecho.

Él agregó: "Bastante alto, ¿no?".

En ese momento, le disparé una sonrisa como diciéndole: "¡Ay, tan chistoso!" Su siguiente pregunta fue: "¿Saltarás?". Yo asentí lentamente.

"¡Bueno!", exclamó, y cuando la luz de salto se puso en verde, me dijo: "¡Señor, tiene el resto de su vida para averiguar cómo abrir su paracaídas! ¡Buena suerte!". Y acto seguido, me empujó fuera de la rampa. Unos segundos después, volaba a mi lado esbozando una gran sonrisa y gritando: "¿Lo entendiste? ¡Tienes unos 60 segundos para tirar del cordón!".

Me complace informar que mi paracaídas se abrió ese día, tal como lo hizo en los siguientes 50 saltos que hice después de aquel primero. Había aprendido a empacar mi propio paracaídas y cada vez que se abría yo me sentía más y más seguro de mi capacidad para empacar.

Termino con esta historia por varias razones. La primera, porque construir y liderar equipos es muy parecido a dar el primer salto. Estás saltando hacia lo desconocido. Da miedo, pero saltas de todas formas. En segundo lugar, porque en efecto, todos estamos empaquetando nuestros propios paracaídas. A lo mejor, nunca te encuentres en la rampa de un C-130 a 14.000 pies de altura, pero te sientes así cuando te enfrentas a la tarea de formar un equipo para conquistar un obstáculo que pareciera imposible. Sin embargo, cada vez que empacas ese paracaídas, te vuelves mejor, más seguro y más habilidoso. Y a su vez, cada salto se vuelve un poco más fácil.

Hay tres formas básicas de saltar de la rampa: (1) empujado, como lo fui yo la primera vez; (2) poniéndote en cuclillas y colocando tímidamente un pie sobre el borde, haciendo un esfuerzo por conseguir estar un poco más cerca de la tierra, como un niño saltando de un trampolín por primera vez; y (3) saltando de cabeza. Esta última es la mejor manera, porque, cuando saltas de cabeza, *tienes* que comprometerte. Tu cuerpo sigue a tu cabeza y te lanzas como Superman volando sobre un edificio. Cuando hay un equipo entero saltando de una sola vez, ¿sabes lo motivador que es ver que todos tus compañeros van saliendo de la rampa? Si eres el último en saltar, literalmente, corres por ella y te mandas rumbo a alcanzarlos. Eso es lo que uno siente cuando está comprometido 100%. Eso es lo que significa ser parte de un equipo imparable. Existen todo tipo de desafíos por resolver en este mundo y hay todo tipo de personas talentosas que esperan unirse a tu equipo para ayudarte a resolverlos. La pregunta es: ¿quién dará el primer salto para liderarlos?

La luz de salto para construir tu equipo acaba de pasar de rojo a verde. Tus compañeros de equipo ya te están esperando... esperando a que des ese primer salto.

Ya *estás* listo. El tiempo es ahora. ¡Vamos! ¡Vamos! ¡Vamos!

Agradecimientos

Escribir un libro es un esfuerzo solitario. Implica largos periodos de confinamiento solitario. Creo que escribir es una lucha entre la duda y la determinación, donde el "quejambroso" es activo y el "murmurador" es evasivo. Sospecho que hay autores por ahí que se sientan felizmente solos y disfrutan escribiendo página tras página con relativa facilidad. Yo no soy ese tipo de autor. De hecho, ni siquiera me gusta trabajar solo. Para mí, siempre se ha tratado de hacer las cosas en equipo. Cada logro significativo en mi vida ocurrió gracias a un equipo. Y aunque escribir implica innumerables horas de soledad, este libro es el resultado de un equipo imparable. Dilaciones y dudas sobre mí mismo fueron mis constantes enemigas y luché contra ellas todas las mañanas. Afortunadamente, tengo compañeros de equipo que, de manera voluntaria, se unieron a mí para derrotar a estos astutos combatientes. Podría escribir un capítulo completo sobre cómo todos ellos me ayudaron a vencer a mi competidor más duro: yo mismo. Aprecio el hecho de que los libros rara vez requieran de más de uno o dos autores, pero si hubiera suficiente espacio en la cubierta, pondría los nombres de todos ellos antes que el mío. Lo que sigue a continuación es mi intento por capturar la profundidad y la amplitud de los esfuerzos de mis compañeros de equipo para convertir este libro en realidad.

Desde antes del amanecer hasta mucho después del atardecer, mi compañera de natación y de vida, Jennifer Ryan Mills, estuvo en la línea de batalla junto a mí. Sus consejos tranquilos, pero firmes me levantaron cuando estaba abajo. Durante meses y meses, ella limpió de escrituras las cubiertas de nuestra nave familiar, compuesta por cuatro chicos llenos de energía. Este libro no hubiera sucedido sin su apoyo constante, susurrándome día tras día: "Sigue adelante". En ese sentido, los líderes de mi equipo en formación —Henry, Charlie John y William—, fueron notablemente solidarios mientras papá trabajaba en "su cuadrilátero para escribir" (un closet con un pequeño escritorio y un baño). Jugaban lejos de allí y rara vez se quejaron de mi ausencia. A menudo, escuchaba sus voces —risas, lágrimas y vítores— y gracias a su constante aliento me impulsaban a seguir adelante.

Y mientras mi familia me inspiraba a seguir intentándolo, otra compañera de equipo me desafiaba a esforzarme cada vez más. Mi editora, Hollis Heimbouch, también conocida como Super H, de Harper Business, y su equipo increíble fueron mis compañeros de natación de principio a fin. En particular, Super H siempre es optimista y me presiona a hacer más de lo que yo pensaba posible. Ella sabe demostrar que se interesa en mi trabajo. Es la definición de lo que es un líder interesado en ti, que te respalda. Hollis tiene esta asombrosa habilidad para tomar una idea confusa y mal escrita y reformularla exactamente como yo quería escribirla desde el comienzo. Tan solitario como es el acto de escribir, con ella (¡y con sus compañeros de equipo!) no me sentía solo frente al timón de la edición.

Luego, está mi agente, Jud Laghi, también conocido como J-Train. Ese es el apodo perfecto para él. Es una locomotora diésel que nunca se rinde, que enciende motores y hace que las cosas avancen. Es incansable y cumplido. A lo largo de todo este viaje, Jud cumplió muchos roles, pero ninguno era más importante que estar allí para responder a mi llamada. Como mis otros compañeros, él siempre está listo a respaldarme y me siento afortunado al tenerlo como amigo, colega y compañero de natación.

Hablando de hacer las cosas a tiempo, si J-Train es la locomotora, entonces la parte de ingeniería la hace Mamá Mónaco, mi gerente, Carolyn Mónaco. Mucho antes de que este libro fuera apenas una propuesta, ella era la que me susurraba: "Da otro paso más... atrévete y déjame mostrarte cómo". Mamá Mónaco hizo las presentaciones, estableció el rumbo y me mostró cómo ejecutar cada paso. Este libro es solo uno de los muchos subproductos resultantes de su tutelaje y, al igual que con todo los demás en esta sección, vivo eternamente agradecido por su apoyo y por su fe en mí.

Cada tren necesita un conductor para que las cosas funcionen a tiempo. Mi conductora es Bárbara Caraballo, también conocida como Súper Bee (SB). A menudo, me refiero a ella como mi ángel en el cielo, porque aunque rara vez la vemos (vivimos a 3.000 millas de distancia), ella siempre está allí, a una breve llamada telefónica, a un correo electrónico o a un mensaje de texto. Ella mantiene los trenes funcionando a tiempo, todo el tiempo. Es un compendio de esa actitud positiva que fue fundamental para poner todos los puntos sobre las íes en lo referente a este libro… y a mucho más.

Mi esposa y mis hijos, Super H (y todo el equipo de Harper), J-Train, Mamá y SB son mis compañeros de equipo, pero otros me han dado forma y me han proporcionado las lecciones necesarias para hacer realidad este libro. En Kent School Boat Club (KSBC), con sus entrenadores Hart Perry y Eric Houston, aprendí el oficio y poder del trabajo en equipo. La tripulación de la Academia Naval y los entrenadores Rick Clothier y Rodney Pratt, me enseñaron cómo cambiar el enfoque del egoísmo por el de desapego. También está el SEAL Team con los Comandantes Oficiales Doug Lowe, David Morrison y Chuck Lockett, junto con mis jefes, los LPOs y mis compañeros de pelotón —la mejor colección de compañeros de equipo que he experimentado—. El equipo Perfect, desde los primeros días con mi primer compañero de natación y emprendimiento, Mark Friedman, hasta los compañeros de natación Andrew Morrison, Ian Coats MacColl, Christa Skov, Valerie O'Brien y Dave Hollister: todos nosotros prevalecimos contra todo pronóstico una y otra vez. Me refiero a ellos como "mi equipo SEAL civil", pues cuando trabajé con ellos, no hubo obstáculos, solo oportunidades.

Por supuesto, ningún reconocimiento sería completo sin mencionar a mis padres. Tengo la suerte de tener dos parejas: Mom y Dad y Mumzie y Pops. A Mom y Dad, pues ellos siempre me susurraron incansablemente: "Tú puedes hacerlo… eres tú quien decides…". Nunca habría escrito este libro sin su continua ayuda durante mis primeros encuentros con las frustraciones. Ellos representan mis primeras voces de aliento, ese aliento que me puso en un camino que cambió mi vida para siempre. Y a mis otros padres —yo no los veo como suegros—, Mumzie y Pops, quienes representan otro equipo de motivadores que amplificaron los ánimos que me dieron mi padres originales y, al igual que las personas que he mencionado aquí, permanecen siempre dispuestos a apoyarme, animarme y, en el momento adecuado, me dicen algo similar a lo que mi instructor militar de caída libre solía decirme: "¡Es hora de saltar! ¡Vamos! ¡Vamos! ¡Vamos!".

Con gratitud, amor y respeto a todos mis compañeros de equipo,

Alden

Capítulo 1: Tu plataforma

1. Nancy F. Koehn, "Lecciones de liderazgo según la Expedición Shackleton", *The New York Times*, 24 de diciembre de 2011, https://www.nytimes.com/2011/12/25/business/leadership-lessons-from-the-shackleton-expedition.html.

2. James E. Burke, "MBA 1949: Ganador del Premio al Logro del Alumnado del 2003", Harvard Business School, 1 de enero de 2003, https: //www.alumni.hbs.edu/stories/Pages/ story-bulletin.aspx? núm 2016.

3. Mukul Pandya et al., *Nightly Business Report Presents Lasting Leadership: What You Can Learn from the Top 25 Business People of Our Times* (Filadelfia: Wharton School Publishing, 2004), 41.

4. En su libro *Brain Rules: 12 Principles for Surviving and Thriving at Work, Home, and School* (Seattle: Pear Press, 2014), John Medina escribió en la página 5: "En realidad, nuestro cerebro fue construido para sobrevivir en las selvas y los pastizales y todavía no hemos superado ese estándar".

Capítulo 3: Haciendo conexiones

1. Encuesta Gallup, "Estado de los lugares de trabajo de los estadounidense", 2017. Recuperado el 24 de septiembre de 2018, de https://news.gallup.com/reports/199961/7.aspx.

2. Mike Krzyzewski, *Leading with the Heart: Coach K's Successful Strategies for Basketball, Business, and Life* (Nueva York: Warner Books, 2000), 153–54.

3. Naomi Eisenberger y George Kohlrieser, "Lidera con tu corazón, no solo con tu cabeza", *Harvard Business Review*, 16 de noviembre de 2012, https: // hbr.org/2012/11/are-yougetting-personal-as-a.

Capítulo 5: Ganando respeto

1. Christine Porath, "La mitad de los empleados no se siente respetada por sus jefes", *Harvard Business Review*, 19 de noviembre de 2014, https: //hbr .org/2014/11/la mitad-deempleados-no-se-siente-respetada-por-sus-jefes.

2. Porath, "La mitad de los empleados no se siente respetada".

3. Terry Waghorn, "Cómo el compromiso de los empleados cambió a Campbell's", *Forbes, 23* de junio de 2009, https://www.forbes.com/2009/06/23/employee-engagement-conantLeadership-Management-Turnaround.html # 4a7a2a762ec0.

4. Waghorn, "Cómo el compromiso de los empleados cambió a Campbell's".

5. John Wooden y Steve Jamison, *Wooden: A Lifetime of Observations and Reflections On and Off the Court* (Nueva York: McGraw-Hill, 1997), 199.

6. Neil Hayes, *When the Game Stands Tall: The Story of the De La Salle Spartans and Football's Longest Winning Streak* (Berkeley, CA: North Atlantic Books, 2012), 11.

7. Caryn Davies, "Tom Terhaar: Guardián de sueños", *Row 360*, 30 de mayo 2018, http://row-360.com/tom-terhaar-keeper-dreams.

8. Steve Politi, "Río 2016: Cómo un graduado de Rutgers construyó una gran dinastía estadounidense en el deporte del remo",

NJ.com, 14 de agosto de 2016, https://www.nj.com /olympics/ index.ssf/2016/08/rio_2016_how_a_rutgers_grad_built_a_great_ us_olympic_dynasty_politi.html.

9. Davies, "Tom Terhaar".

10. *Associated Press*, "America's Unsung Dynasty: The Women's 8 of Rowing", *USA Today*, 15 de junio de 2016, https://www.usato-day.com/story / sports / olympics / 2016/06/14 / americas-un-sung-dynasty-the-womens -8-de-remo / 85899786.

Capítulo 6: Construyendo empoderamiento

1. Marcus Erb et al., *Innovation by All: The New Flight Plan for Elevating Ingenuity, Accelerating Performance, and Outpacing Rivals* (Oakland, CA: Great Place to Work Institute, 2018), https: //www.greatplace towork.ca/images/article/2018-innovation-by-all.pdf.

Capítulo 7: Activando la Ventaja 10x

1. Bruce W. Tuckman, "Secuencia del desarrollo en grupos pequeños", *Psychological Bulletin 63*, núm. 6 (Junio de 1965): 384–99.

2. Doug Stanton, *Horse Soldiers: The Extraordinary Story of a Band of US Soldiers Who Rode to Victory in Afganistan* (Nueva York: Scribner, 2009).

3. Carmine Gallo, "Una habilidad de liderazgo que convirtió a 12 'soldados a caballo' en un Equipo de Comando Élite", *Forbes*, 21 de enero de 2018, https: //www.forbes.com/sites/ carminegallo/2018/01/21/one-leadership-skill-that-turned-12-horse-soldiers-into-an-elite-commando-team / # 22b8b52f3a2a.